Coloriage Calavera pour adultes

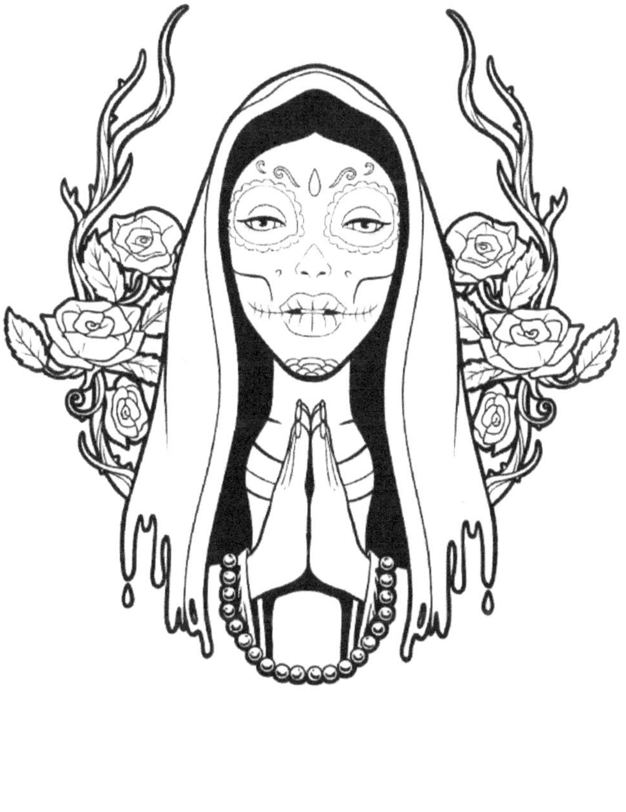

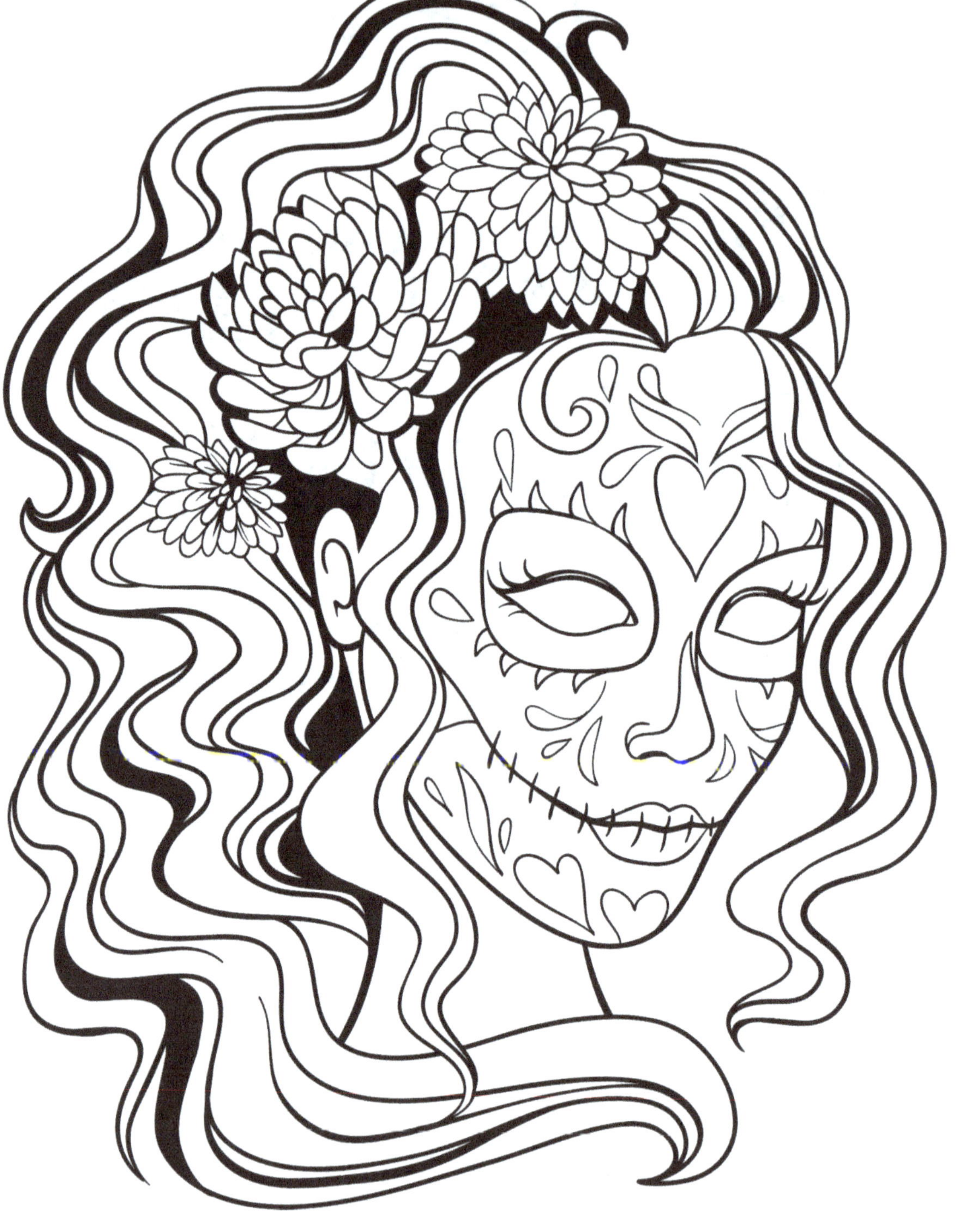

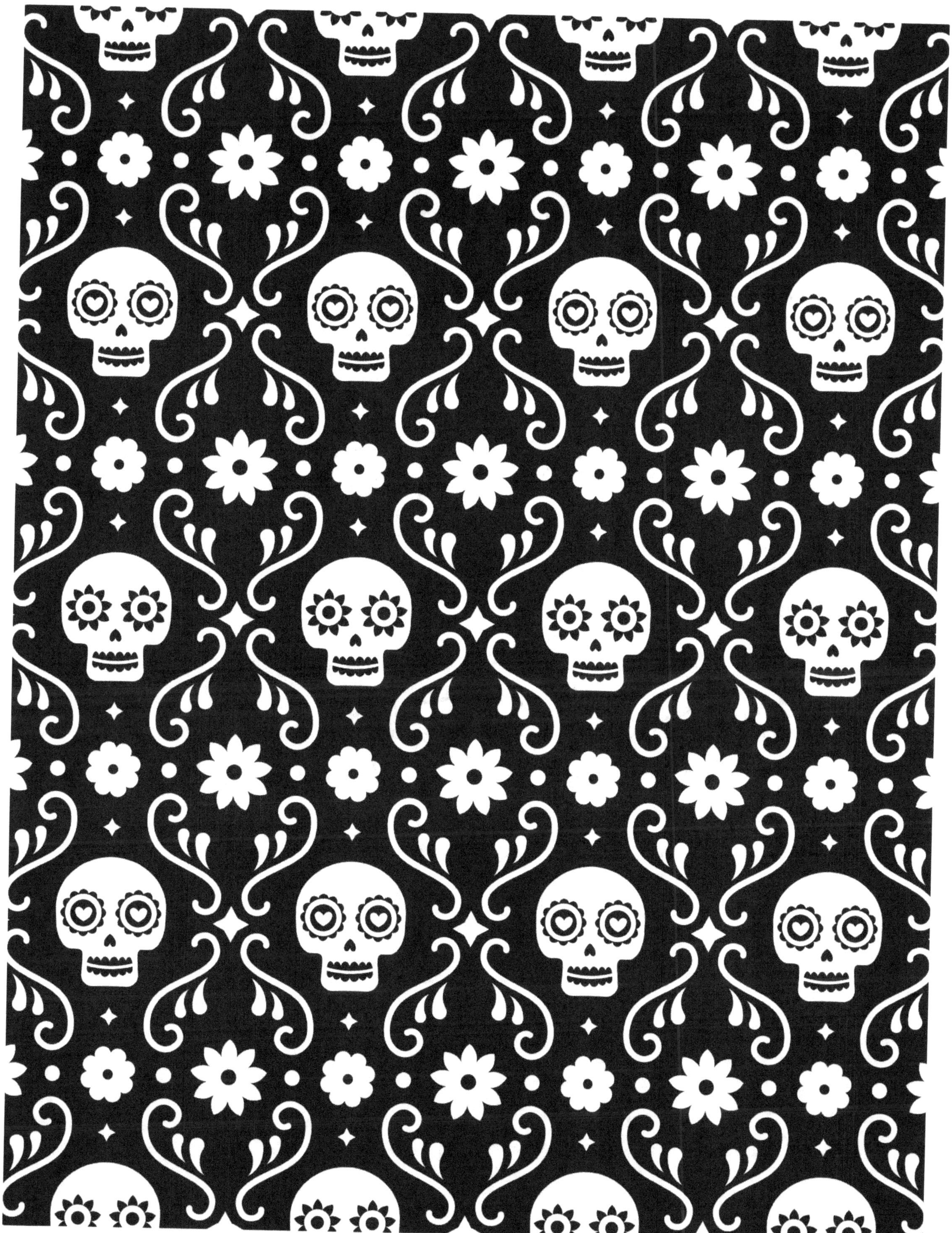

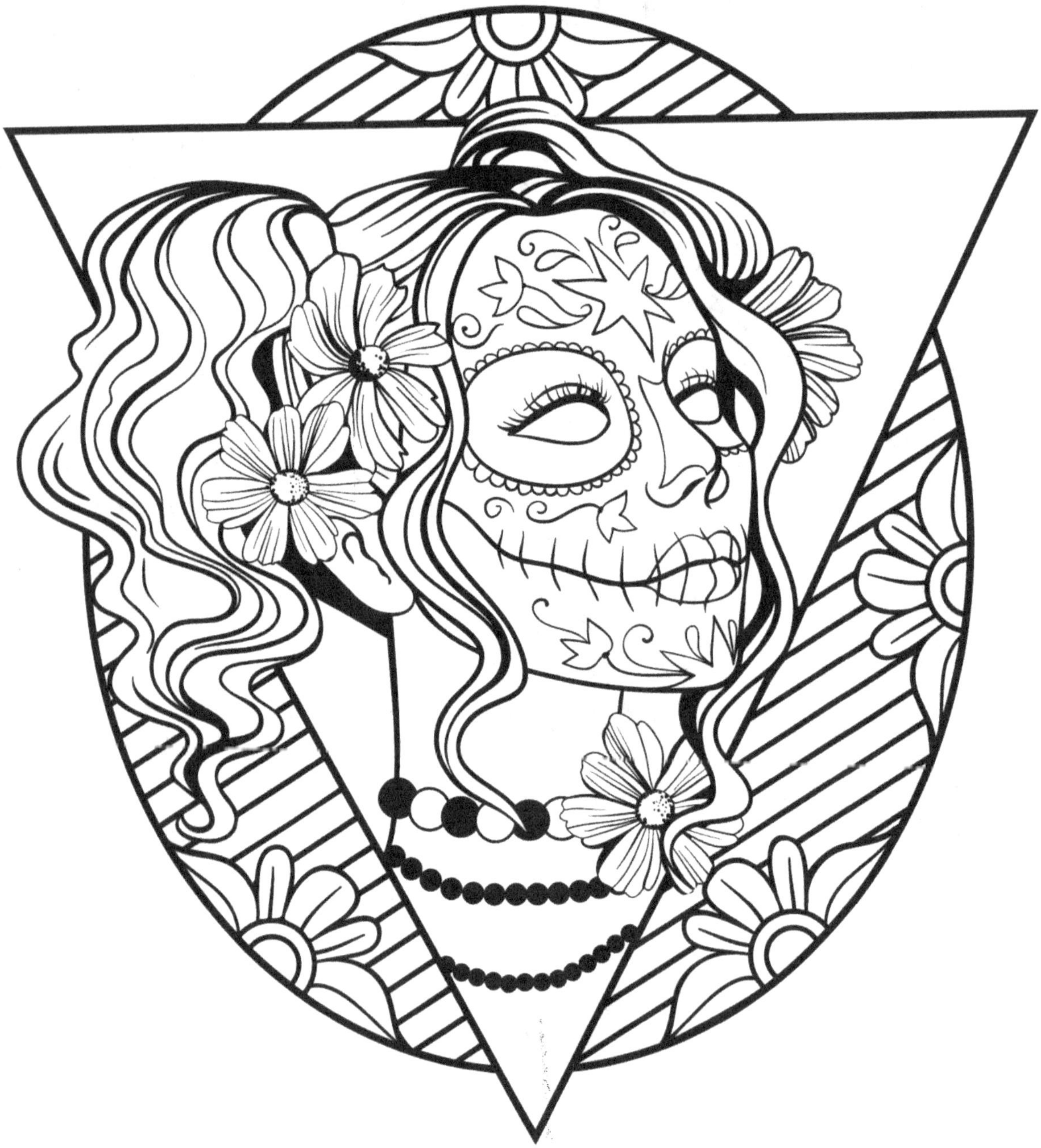

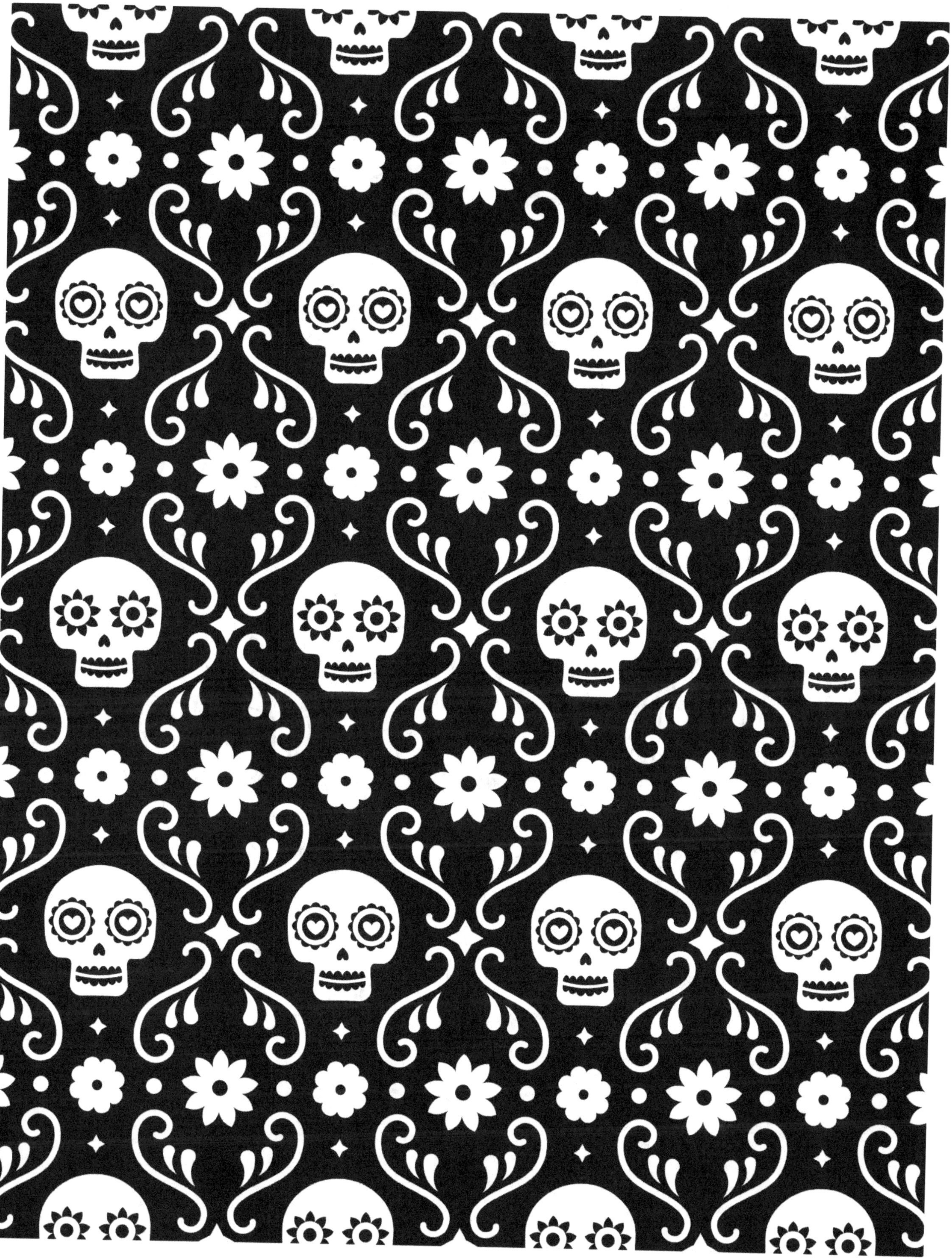

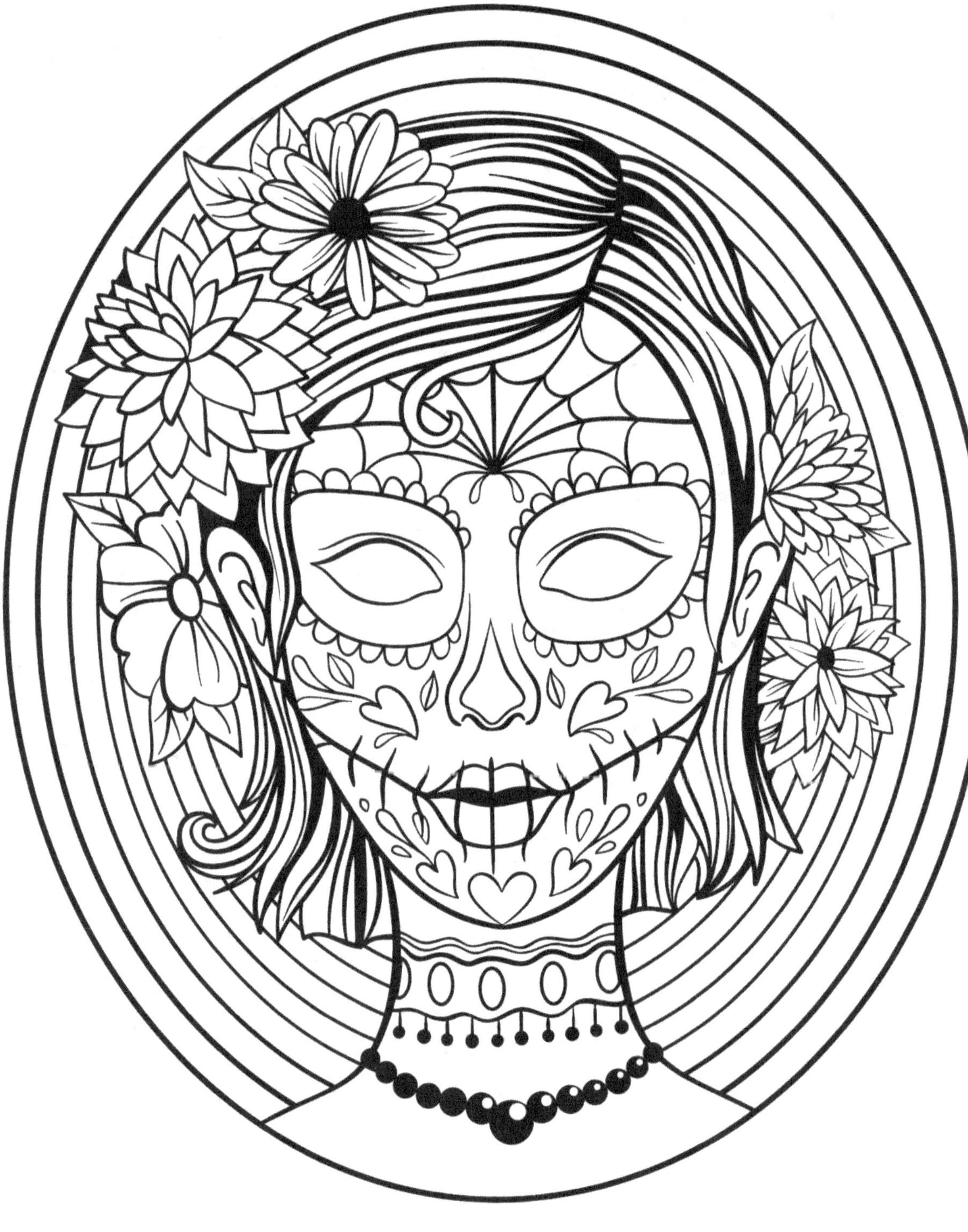

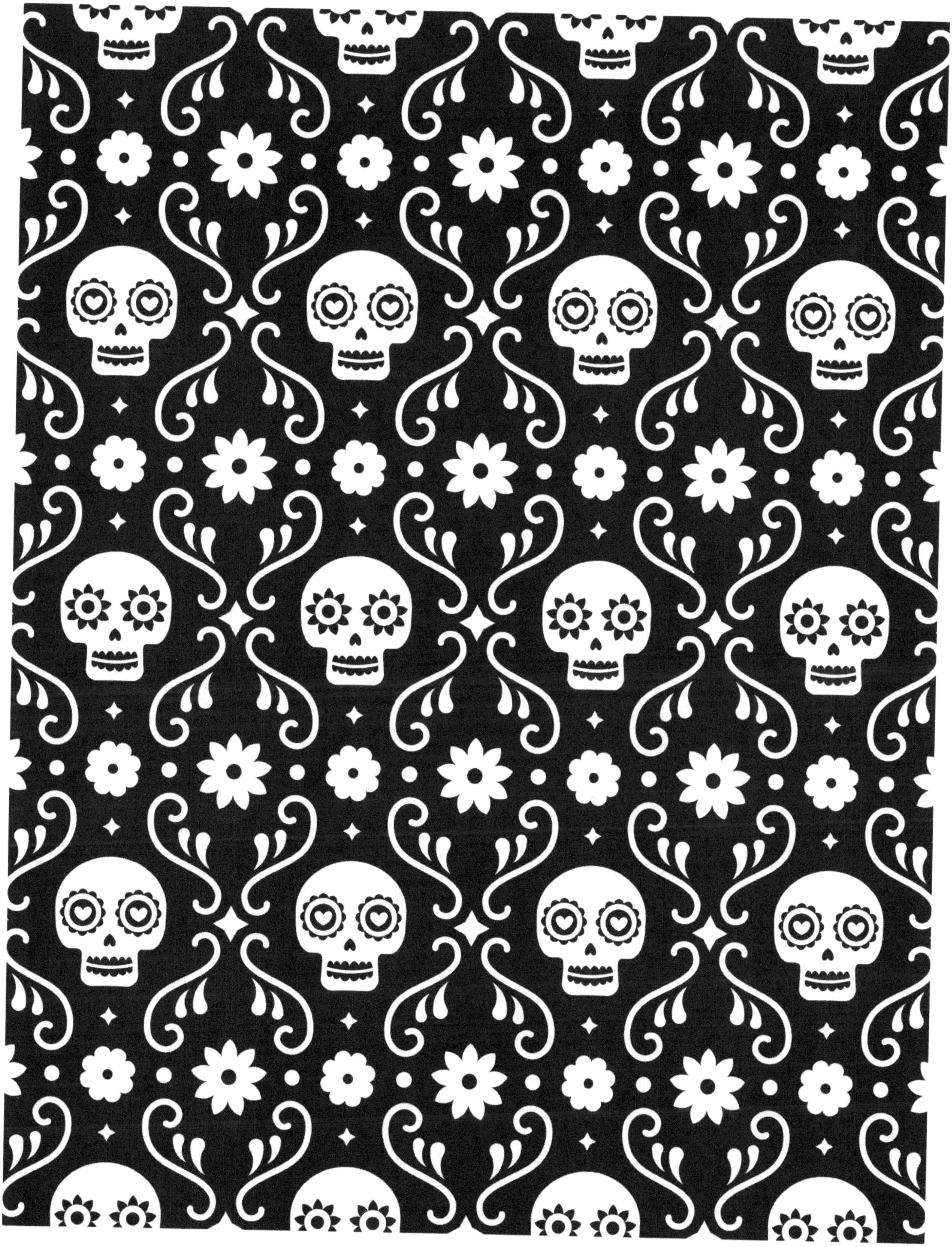

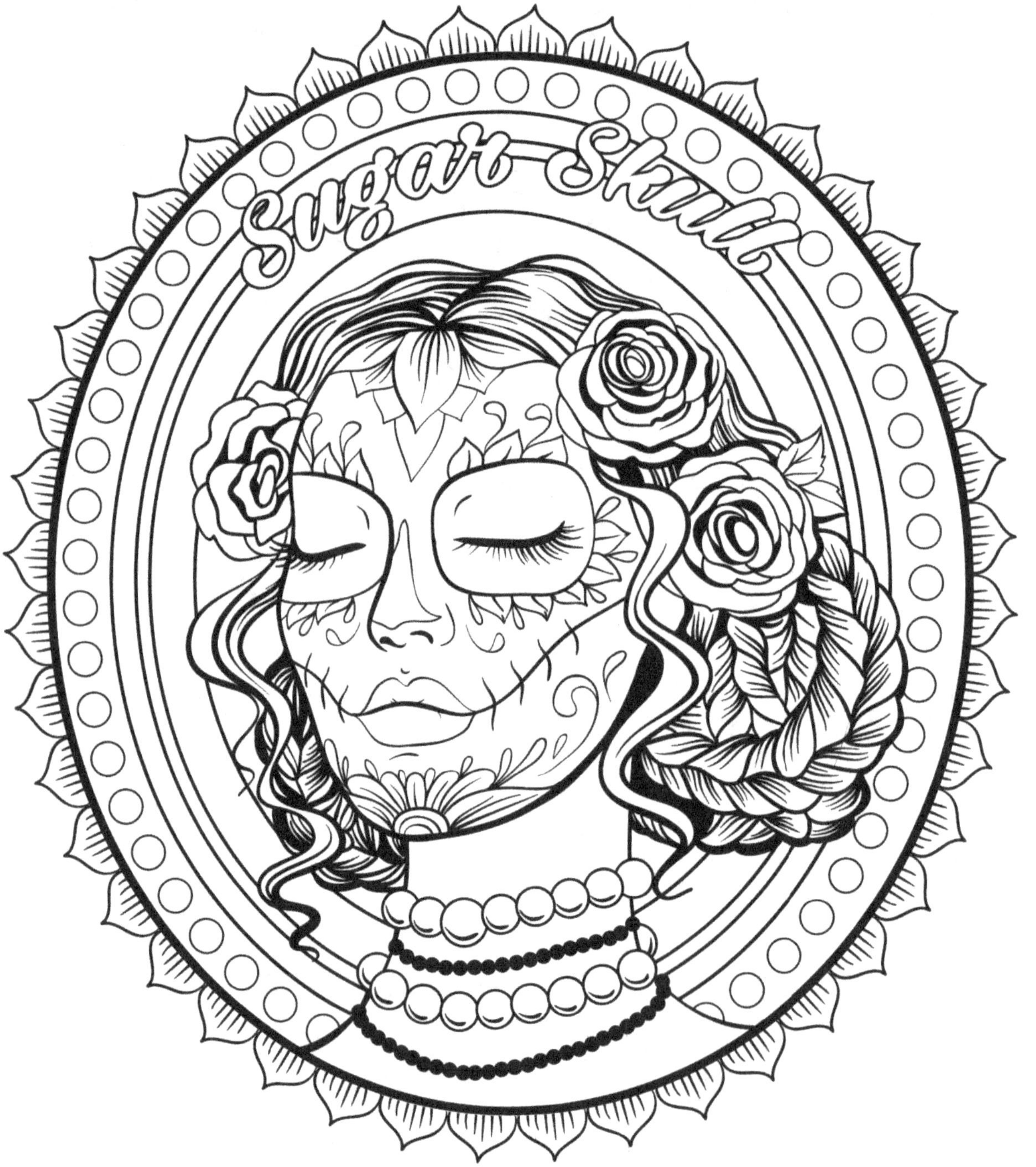
Sugar Skull

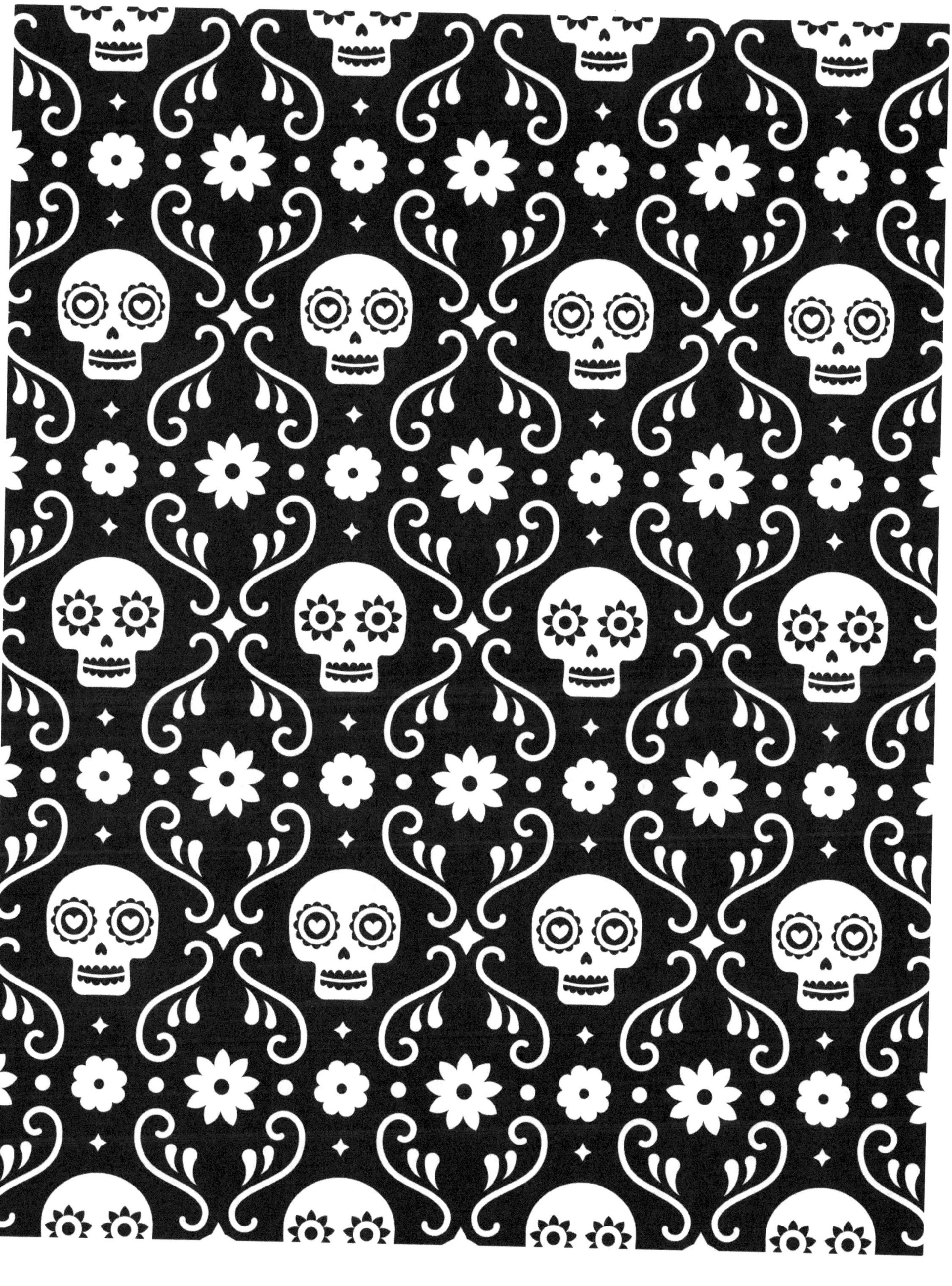

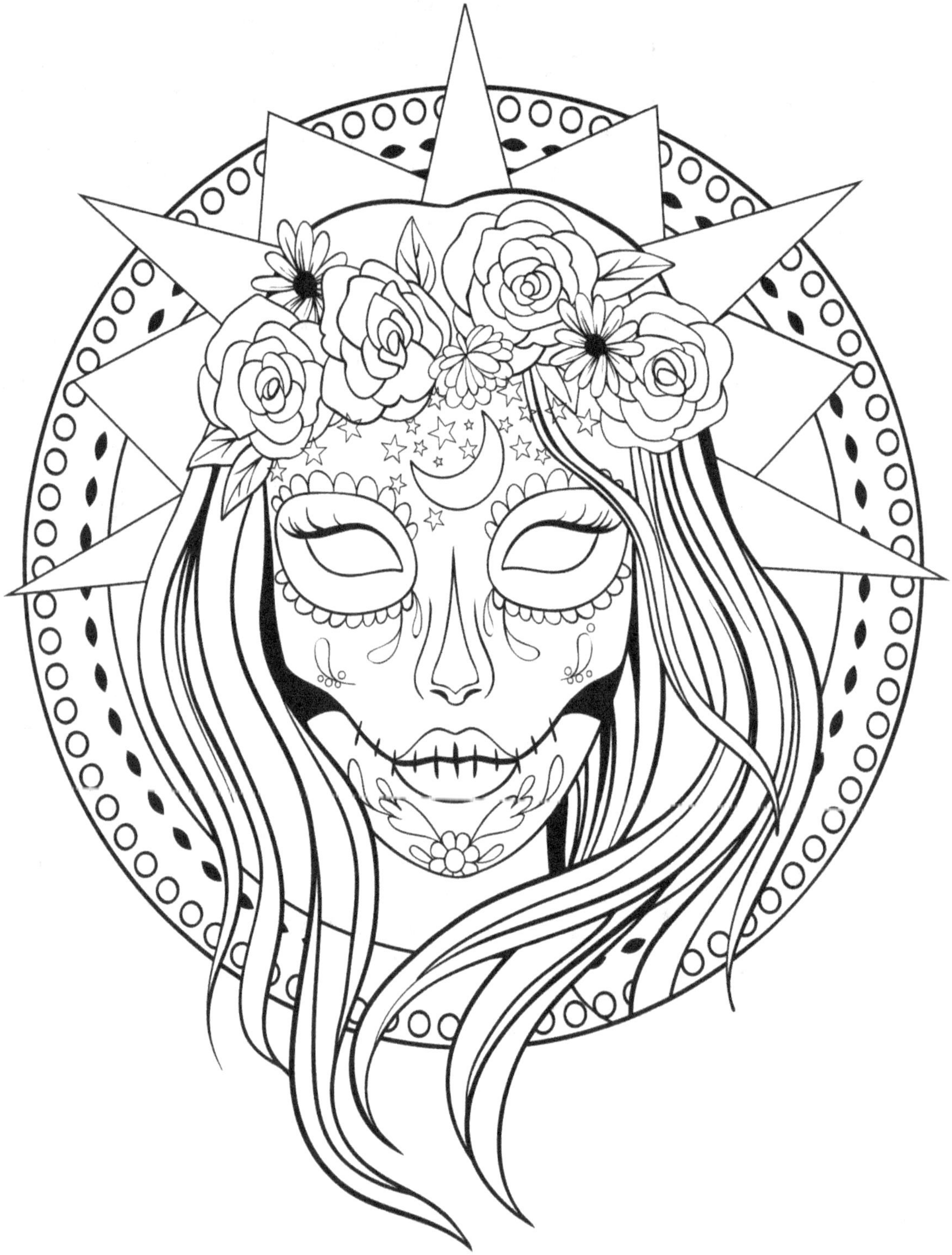

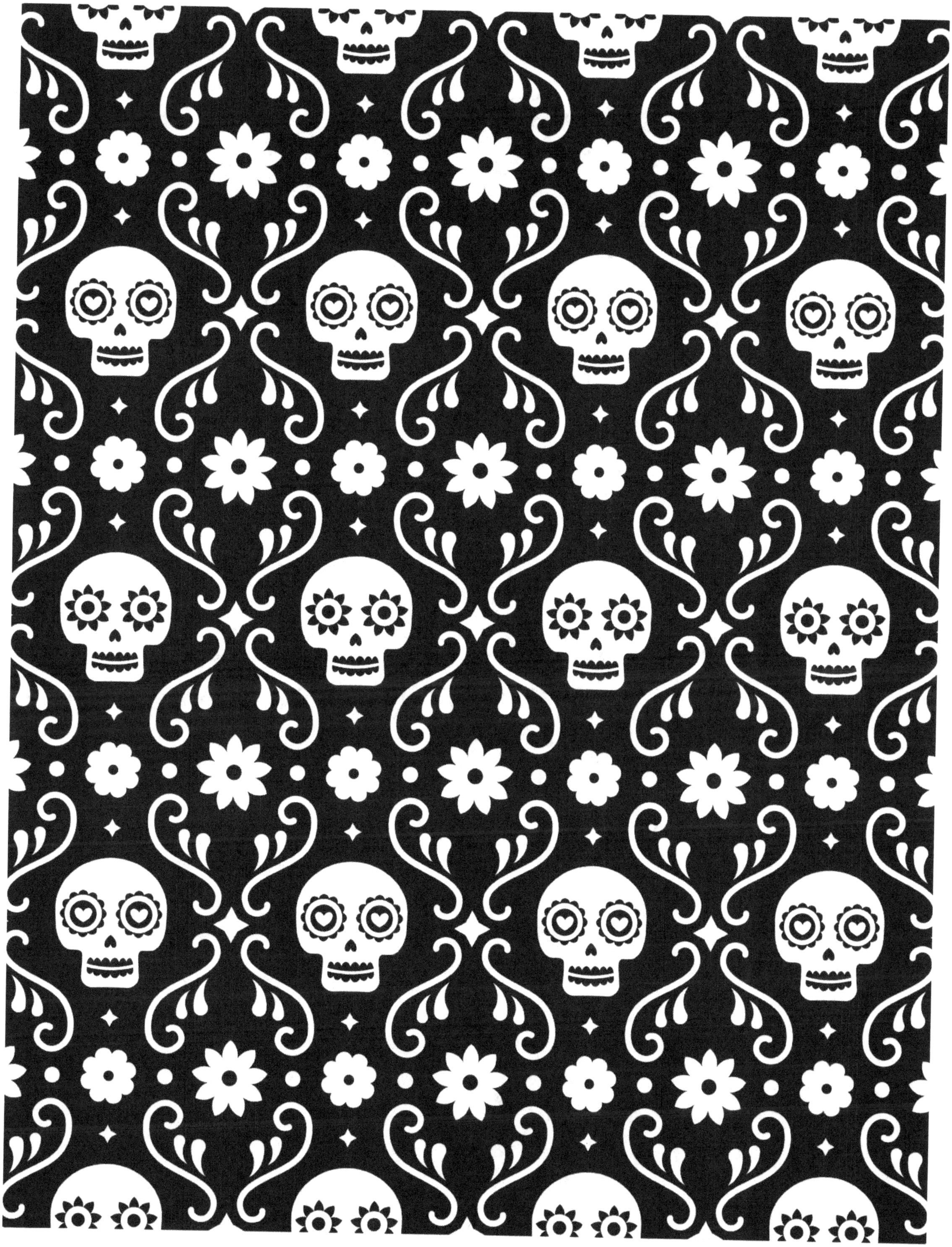

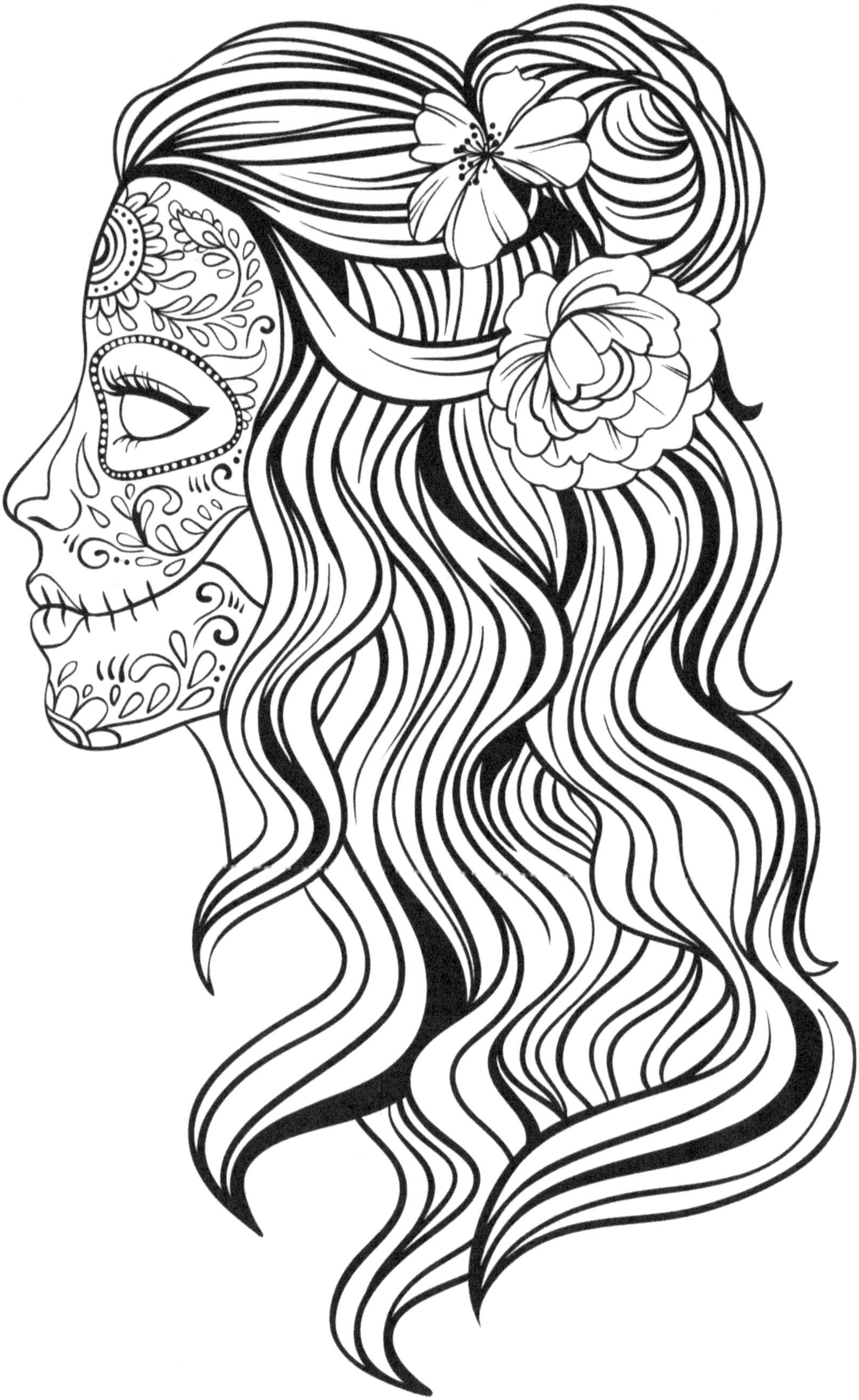

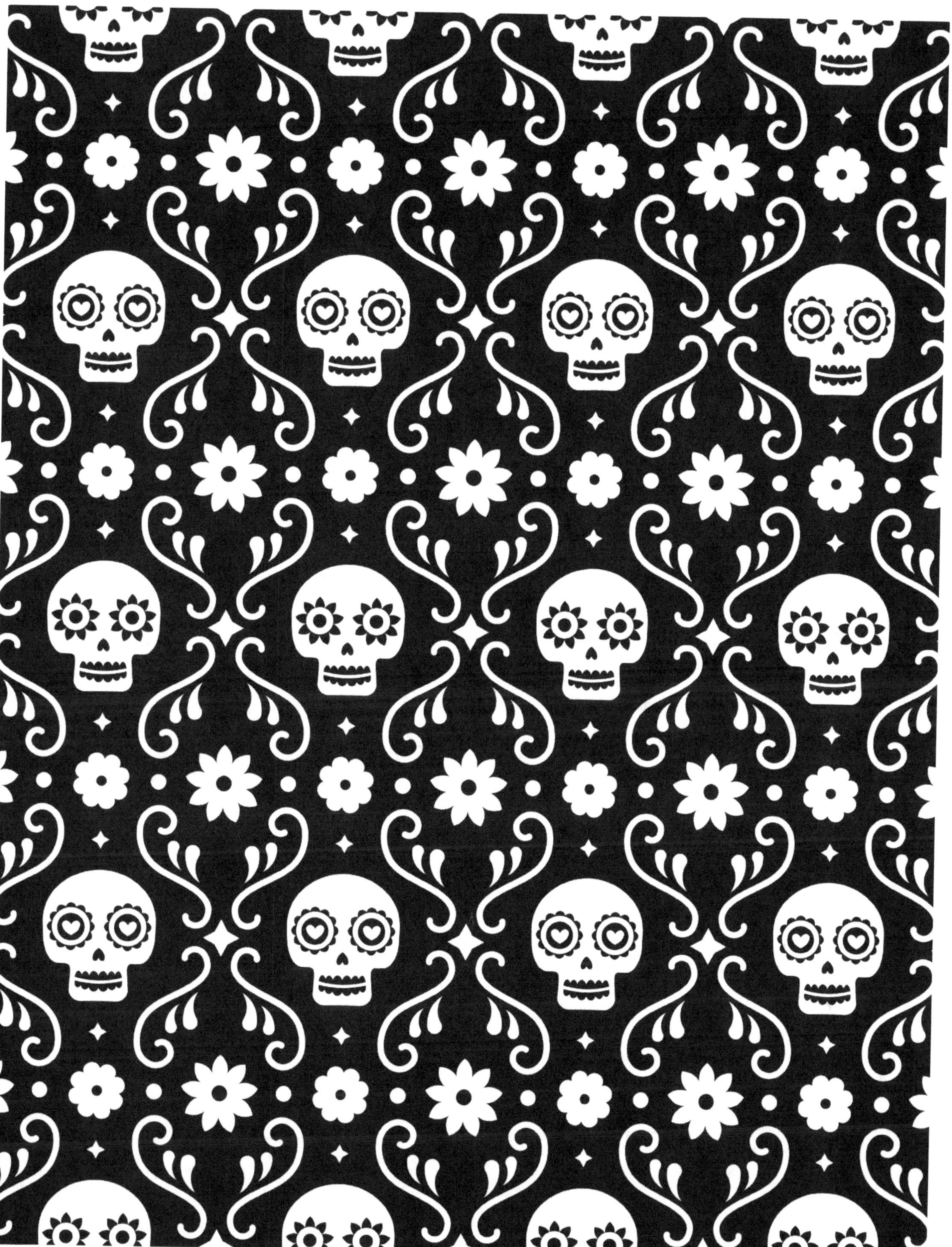

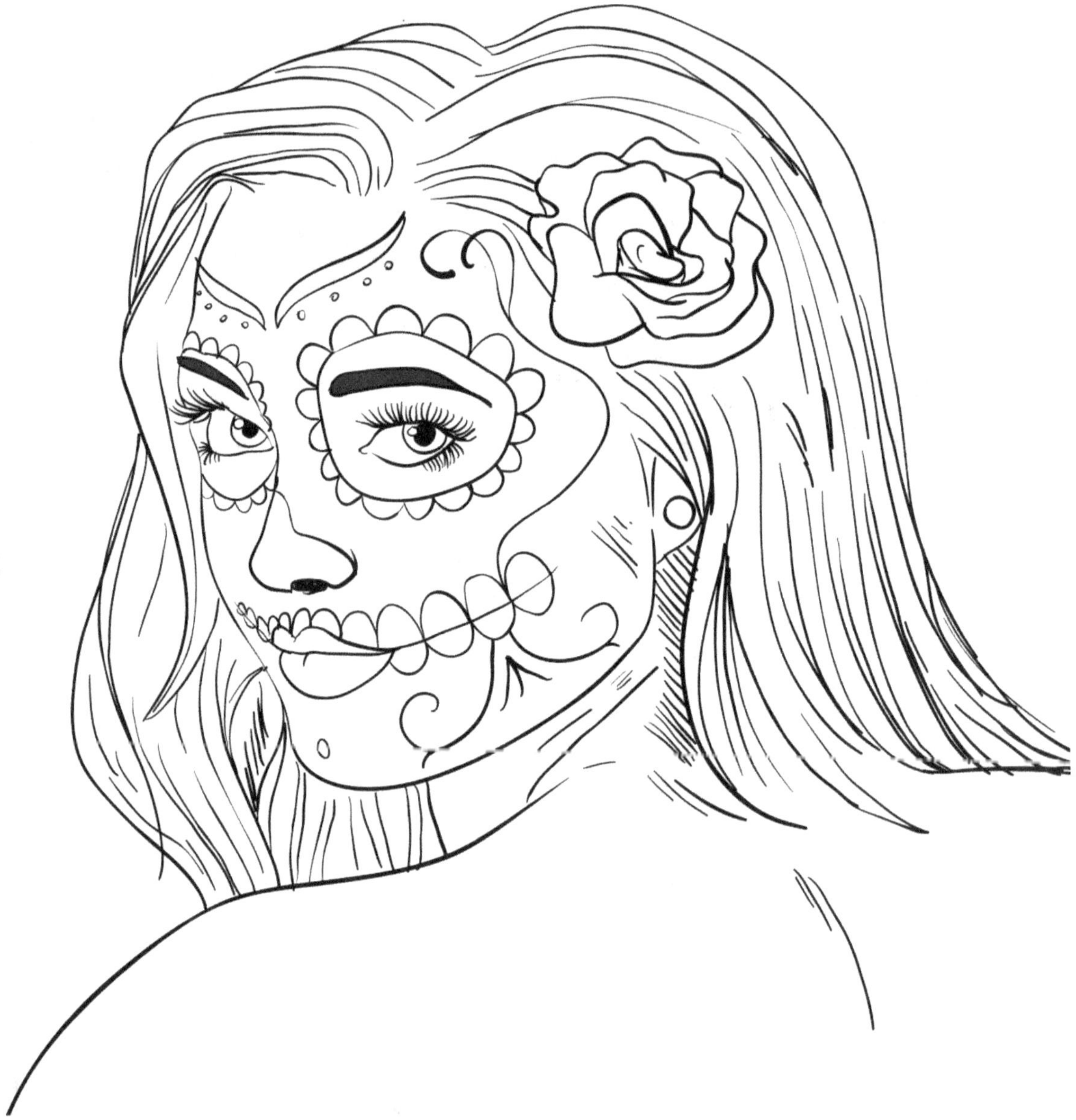

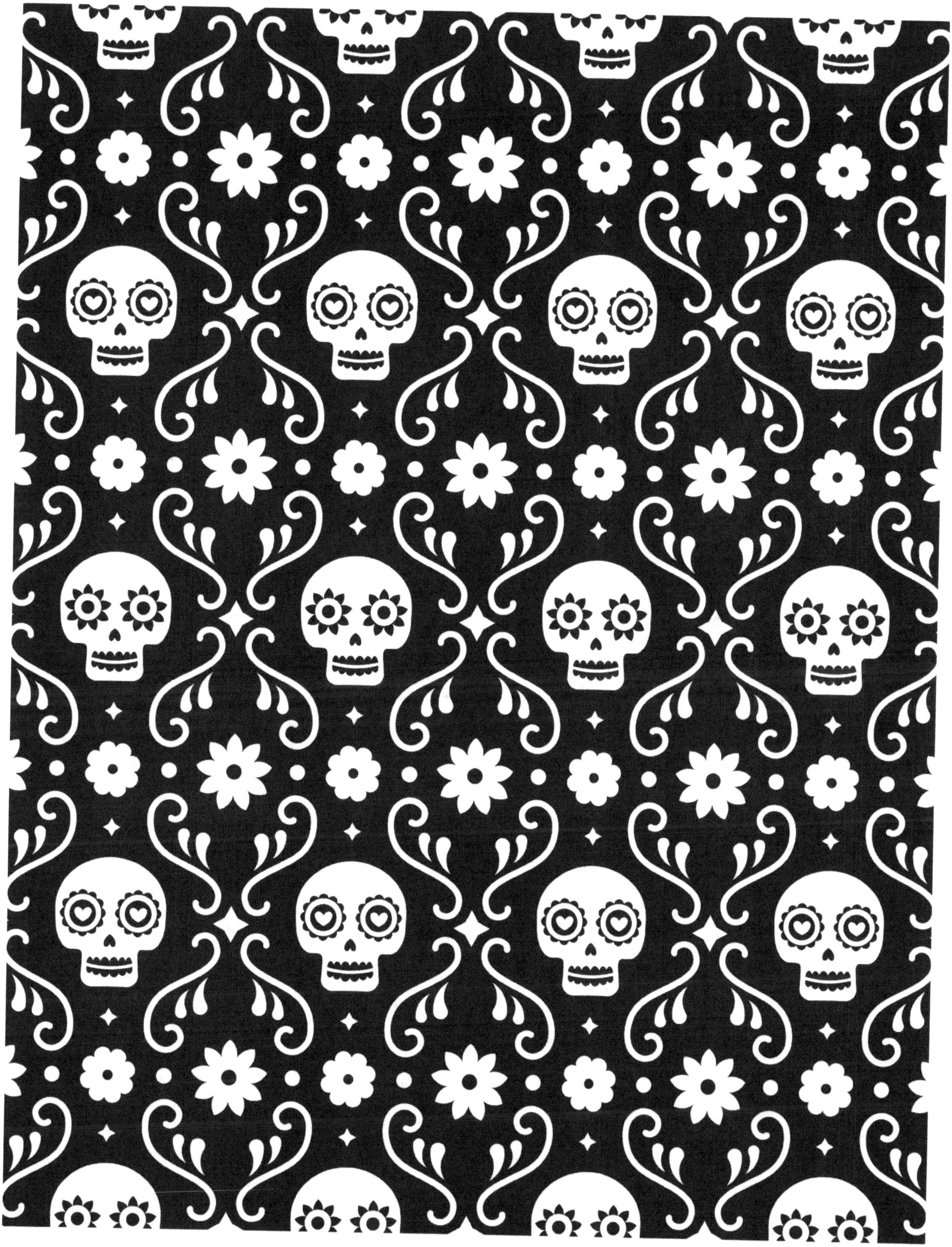

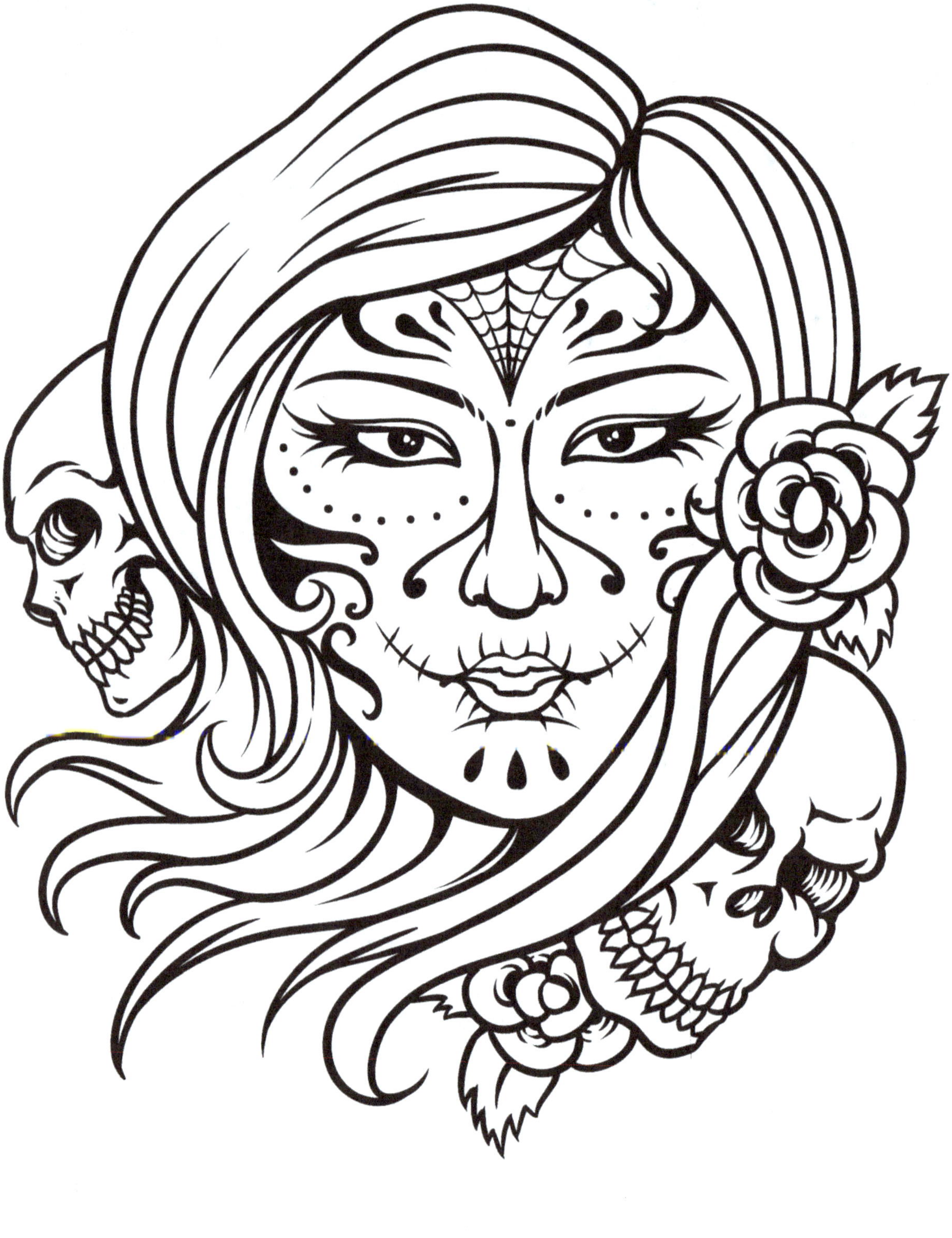

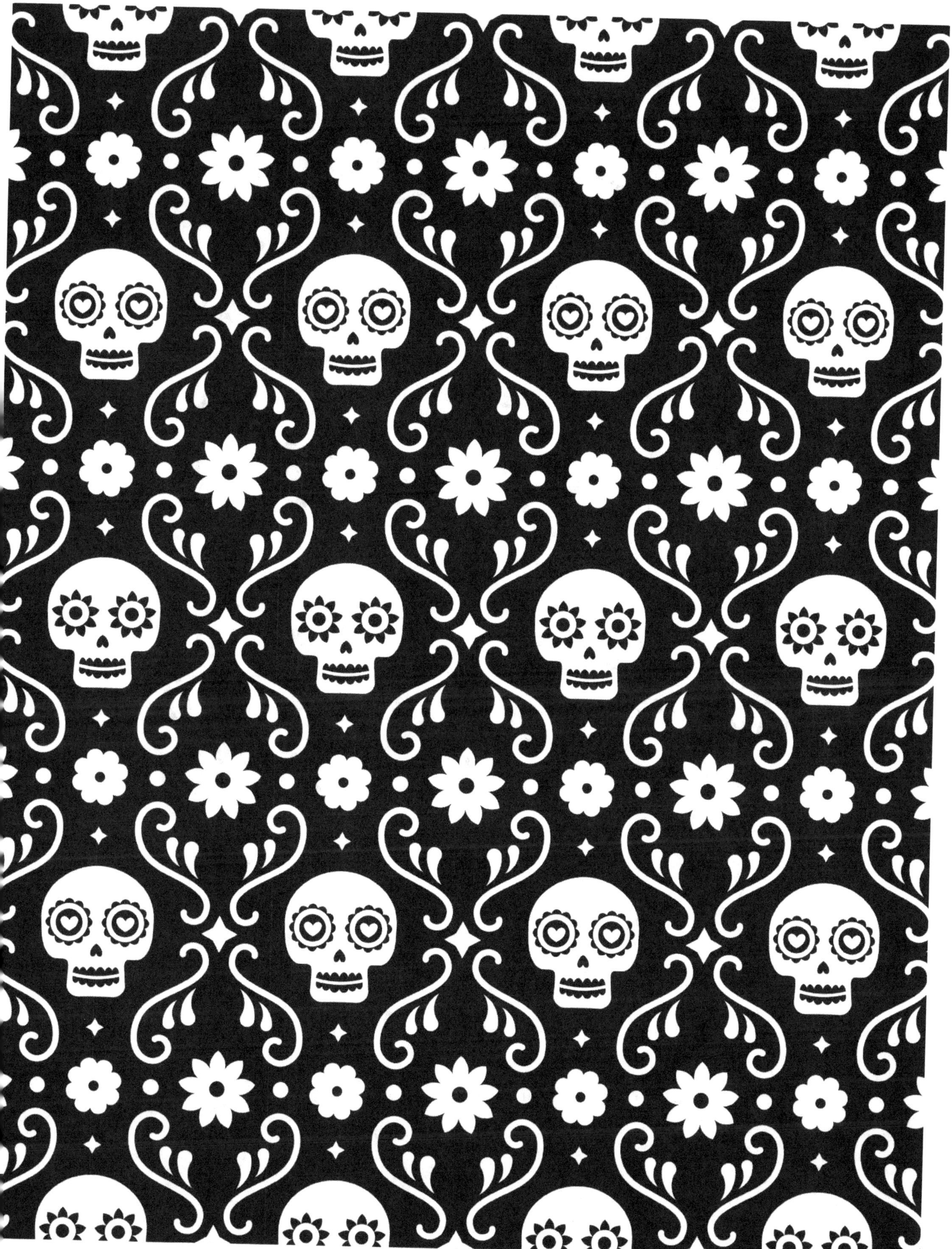

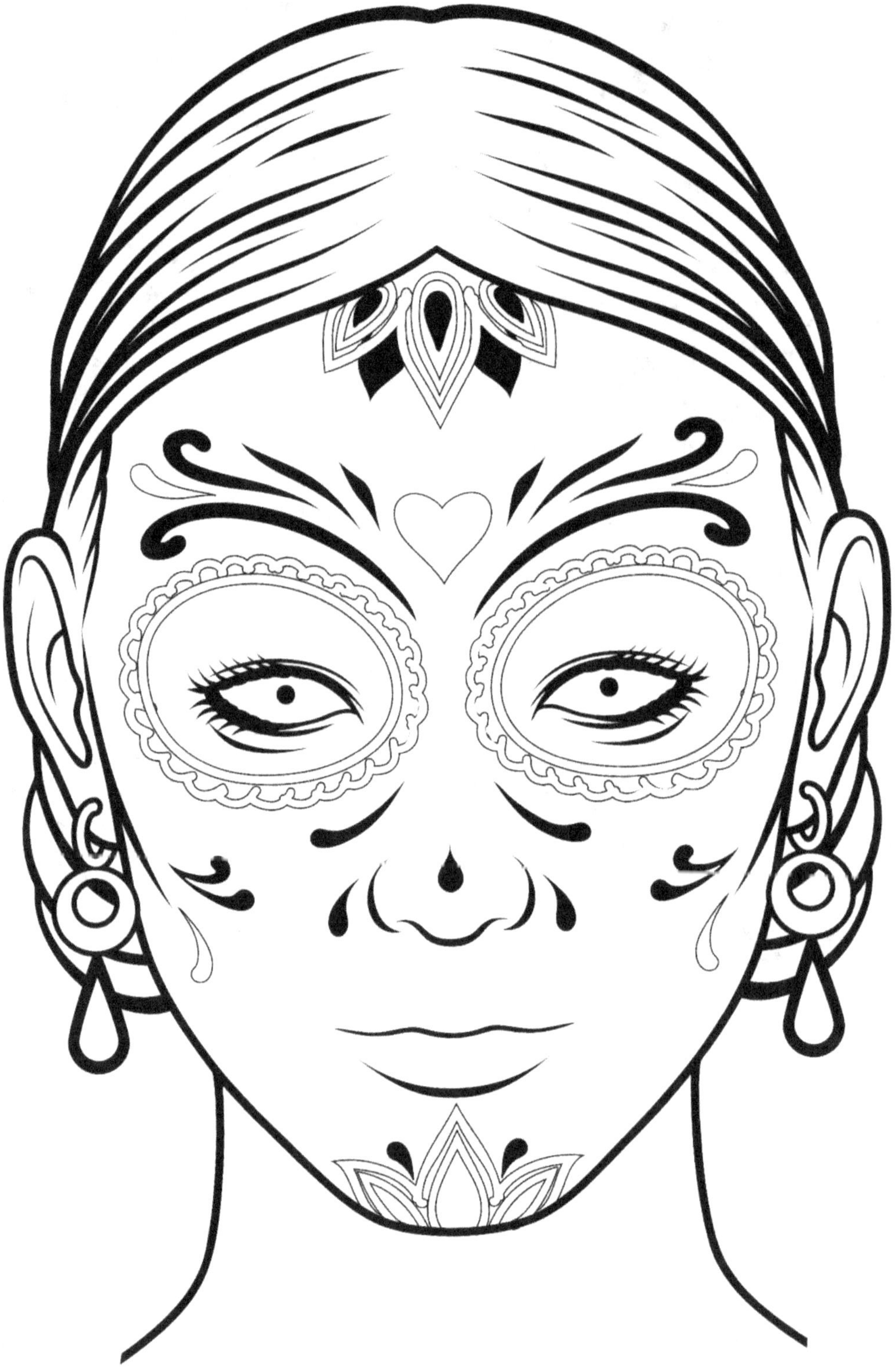

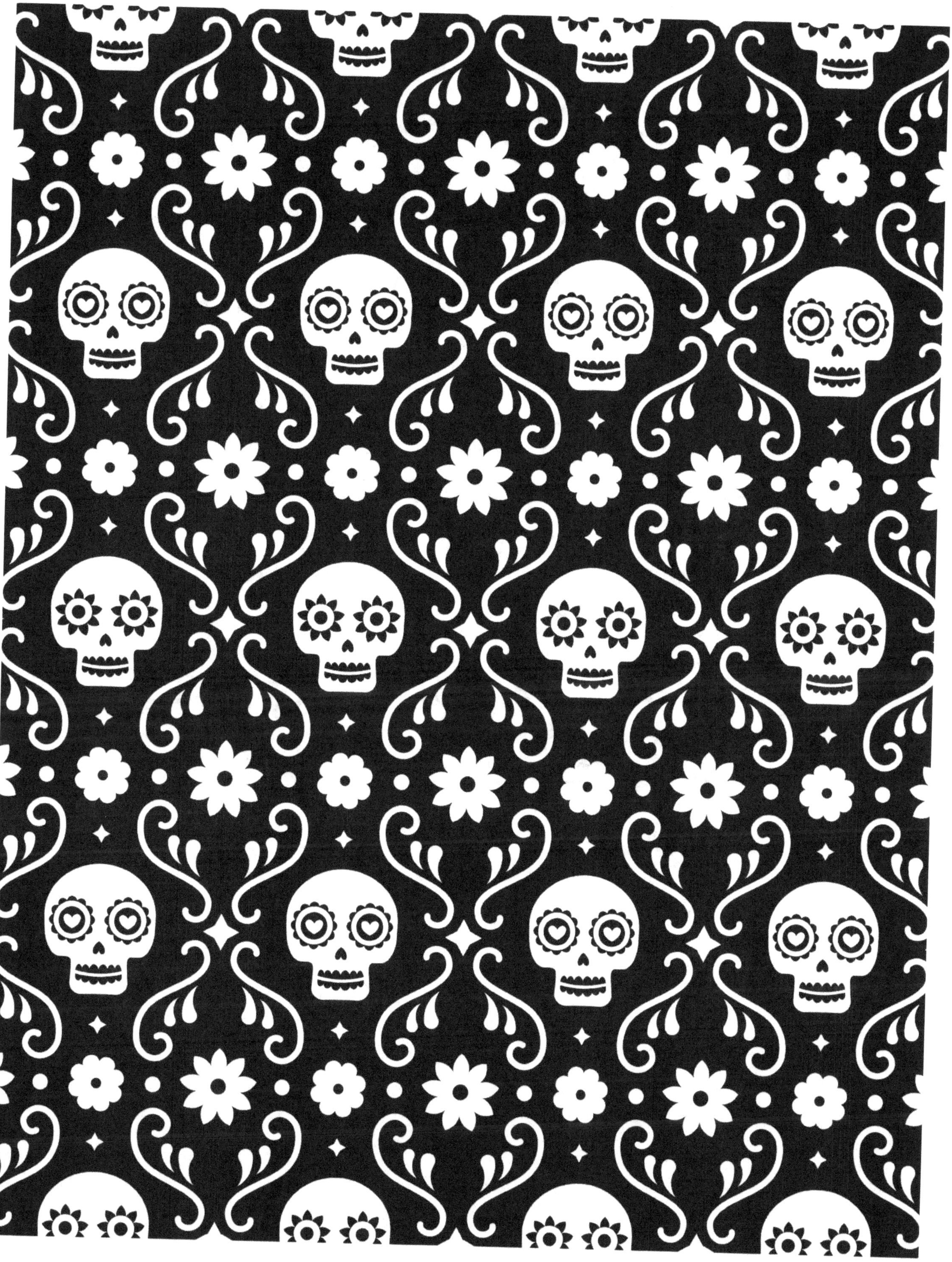

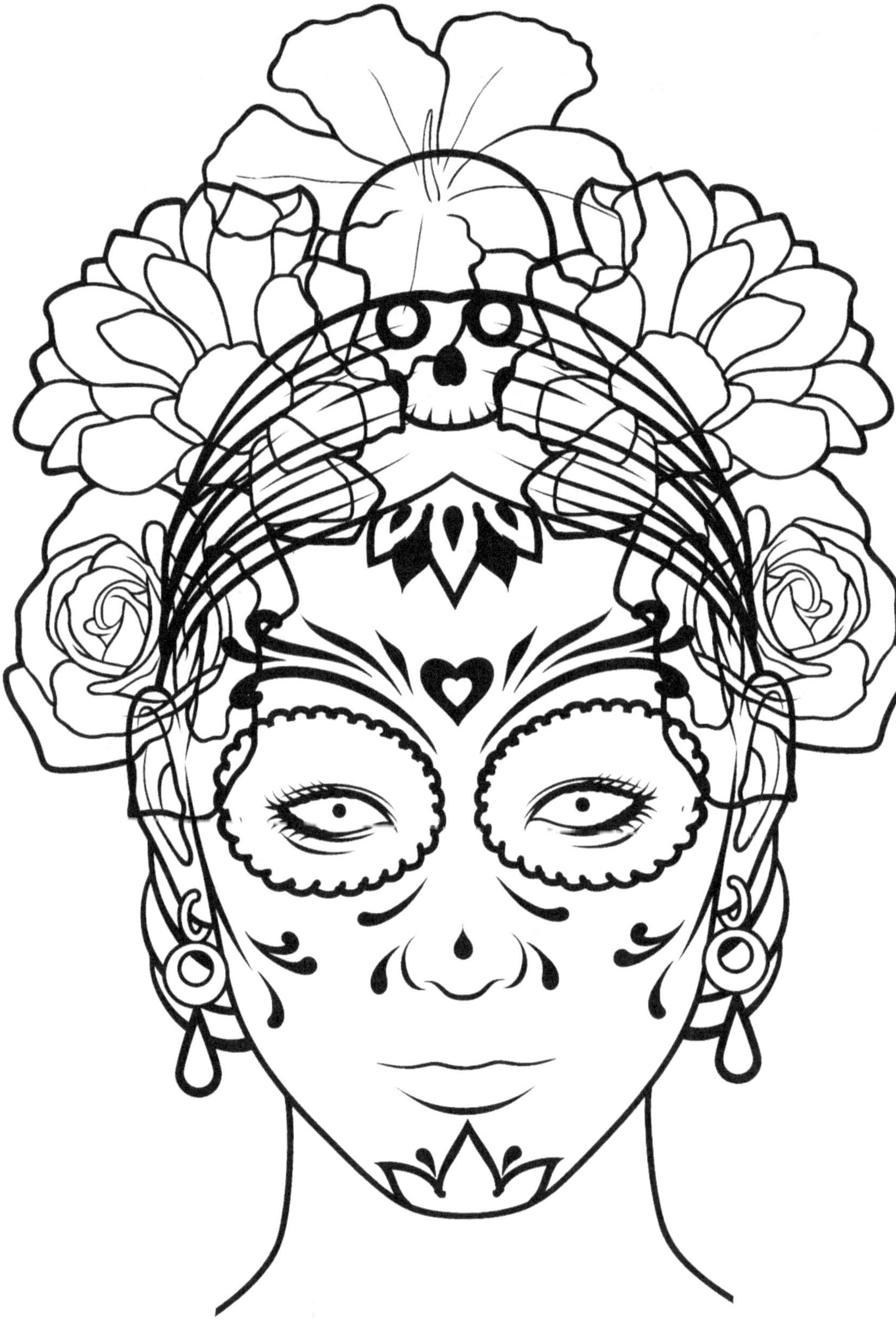

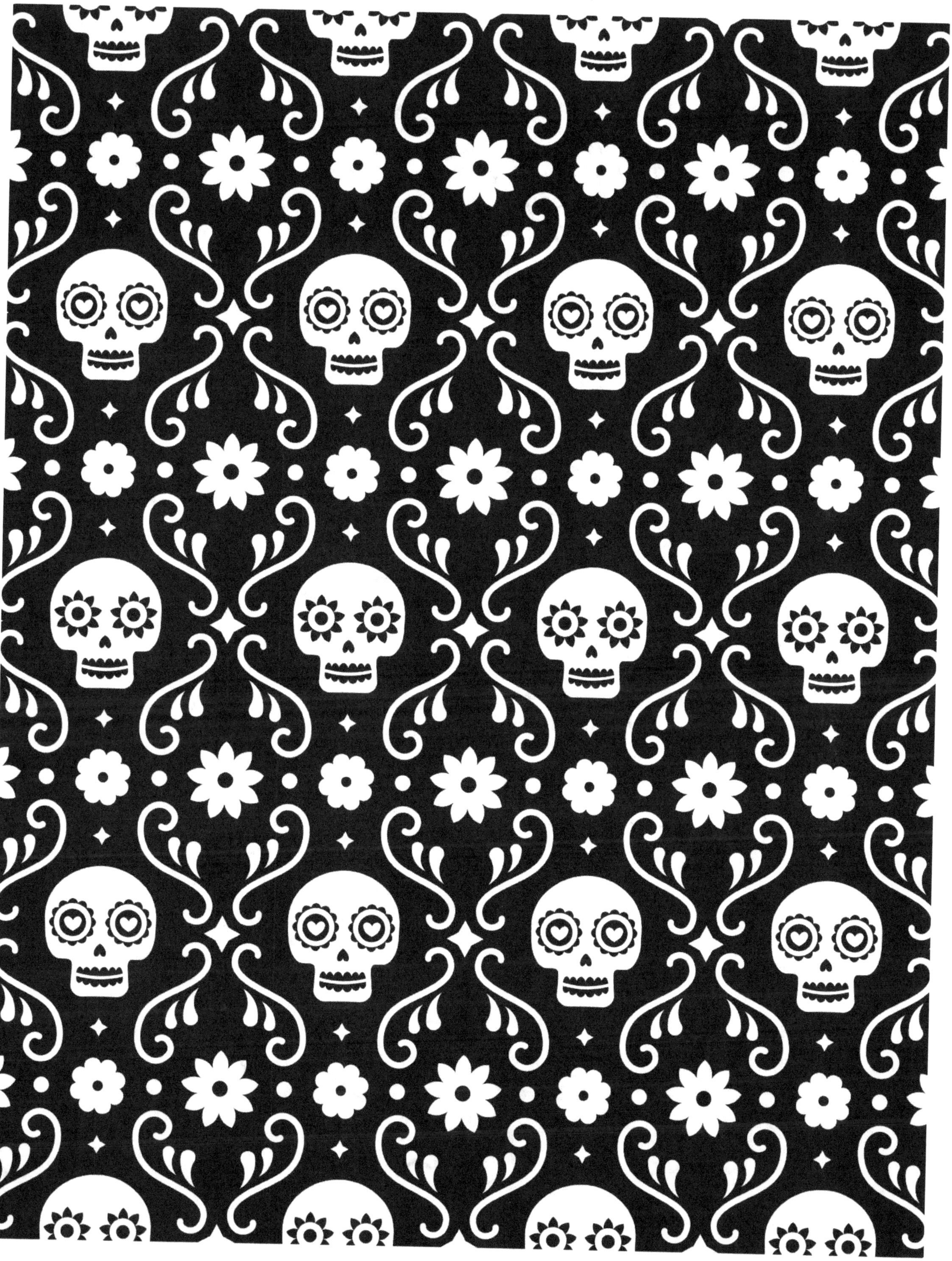

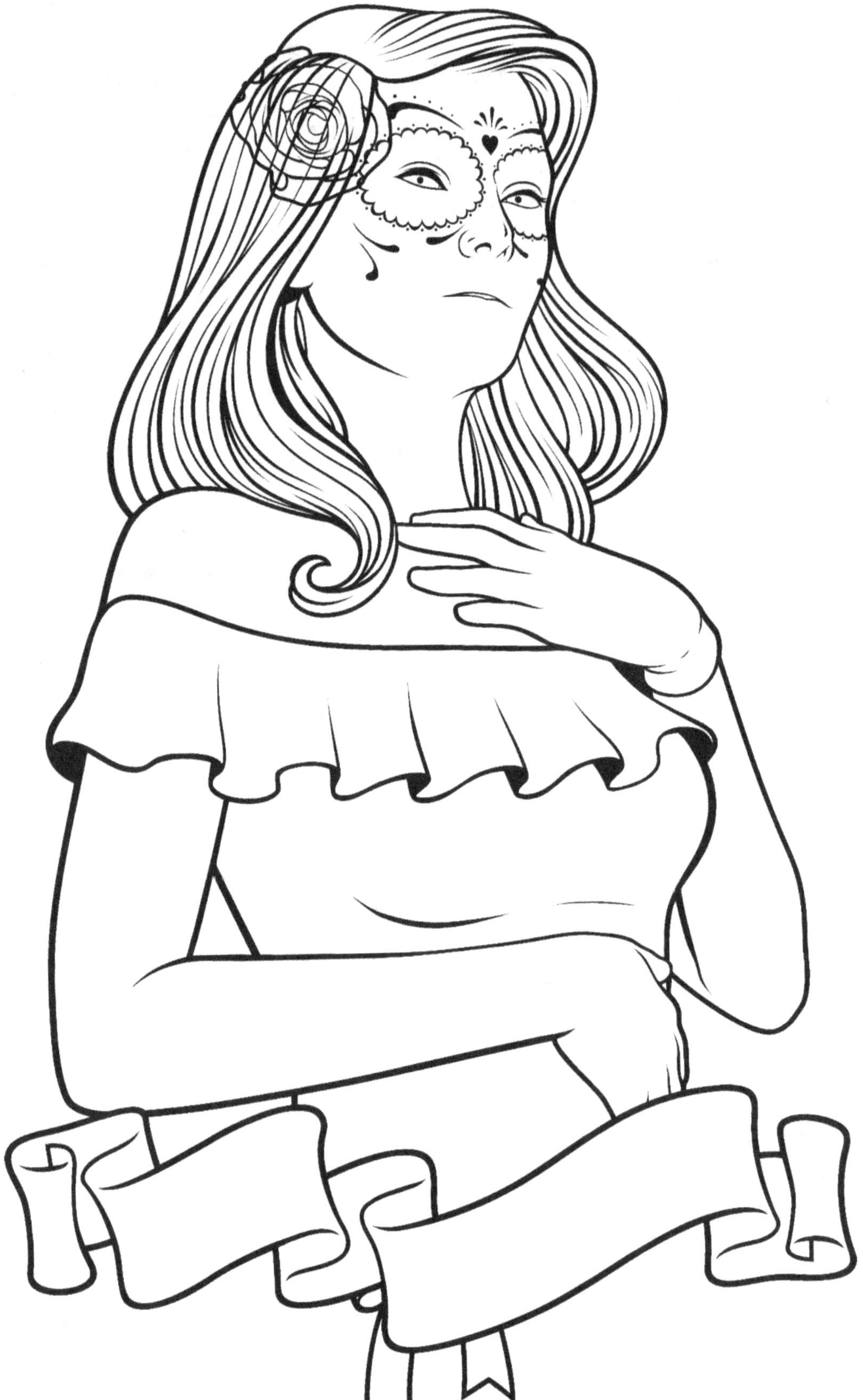

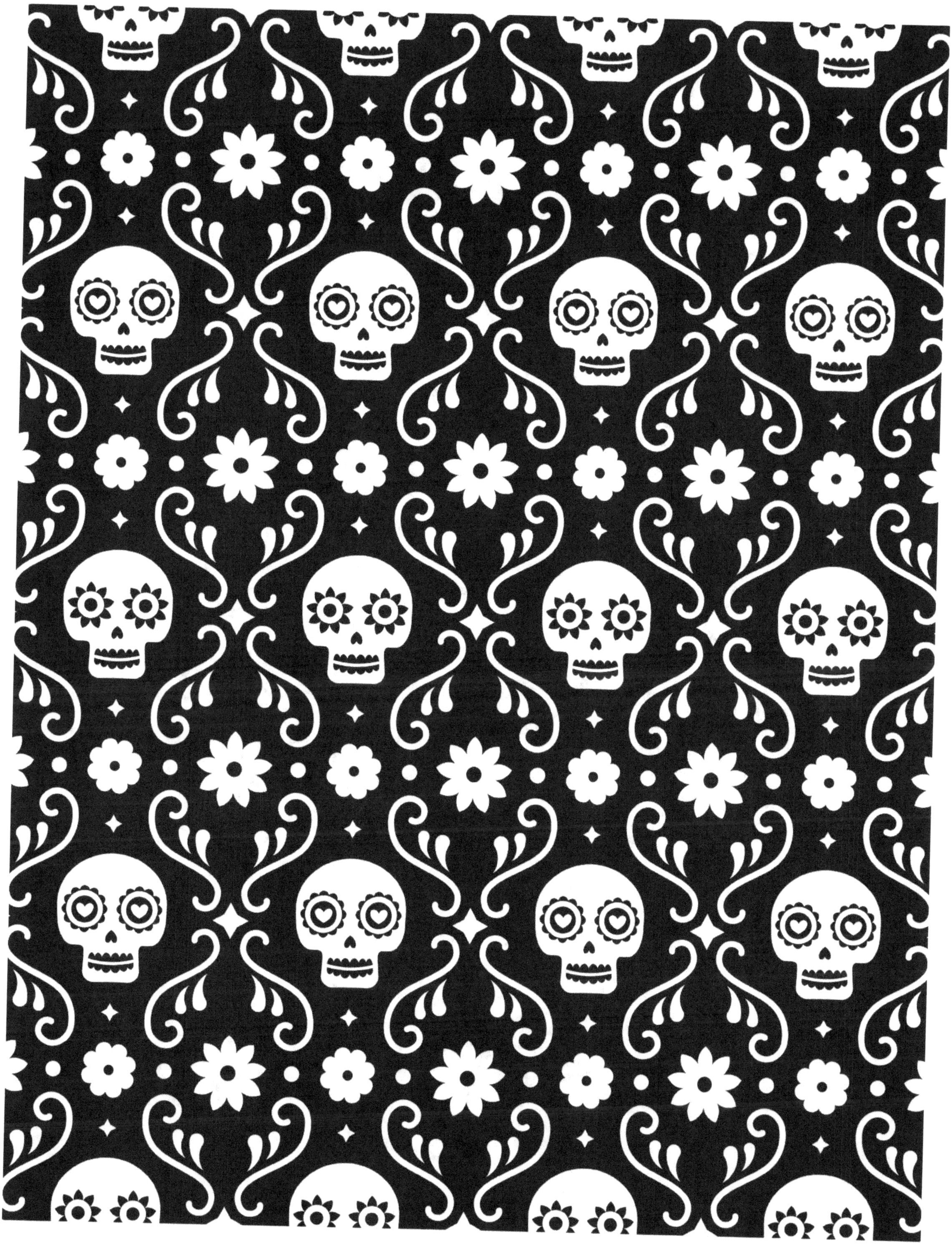

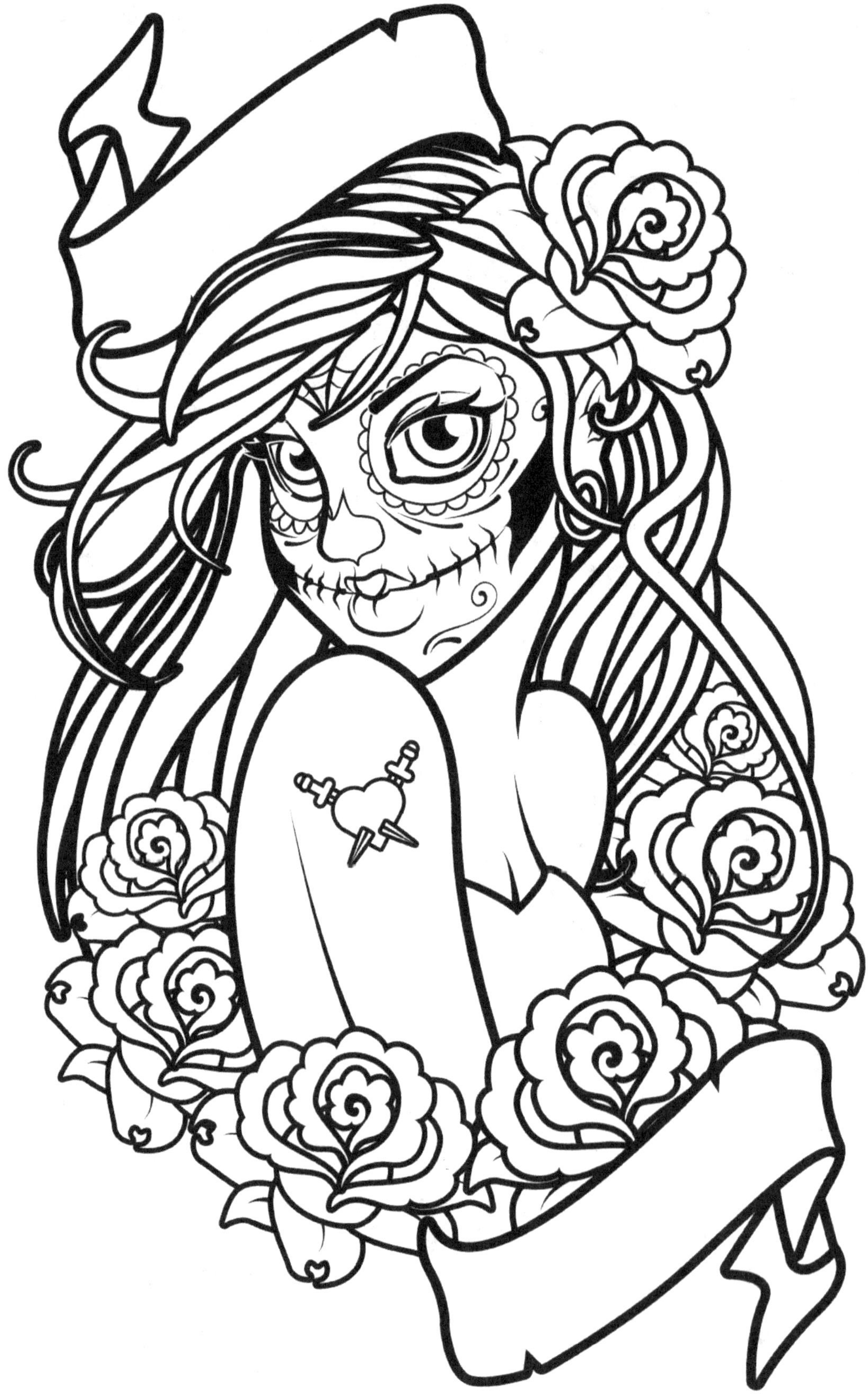

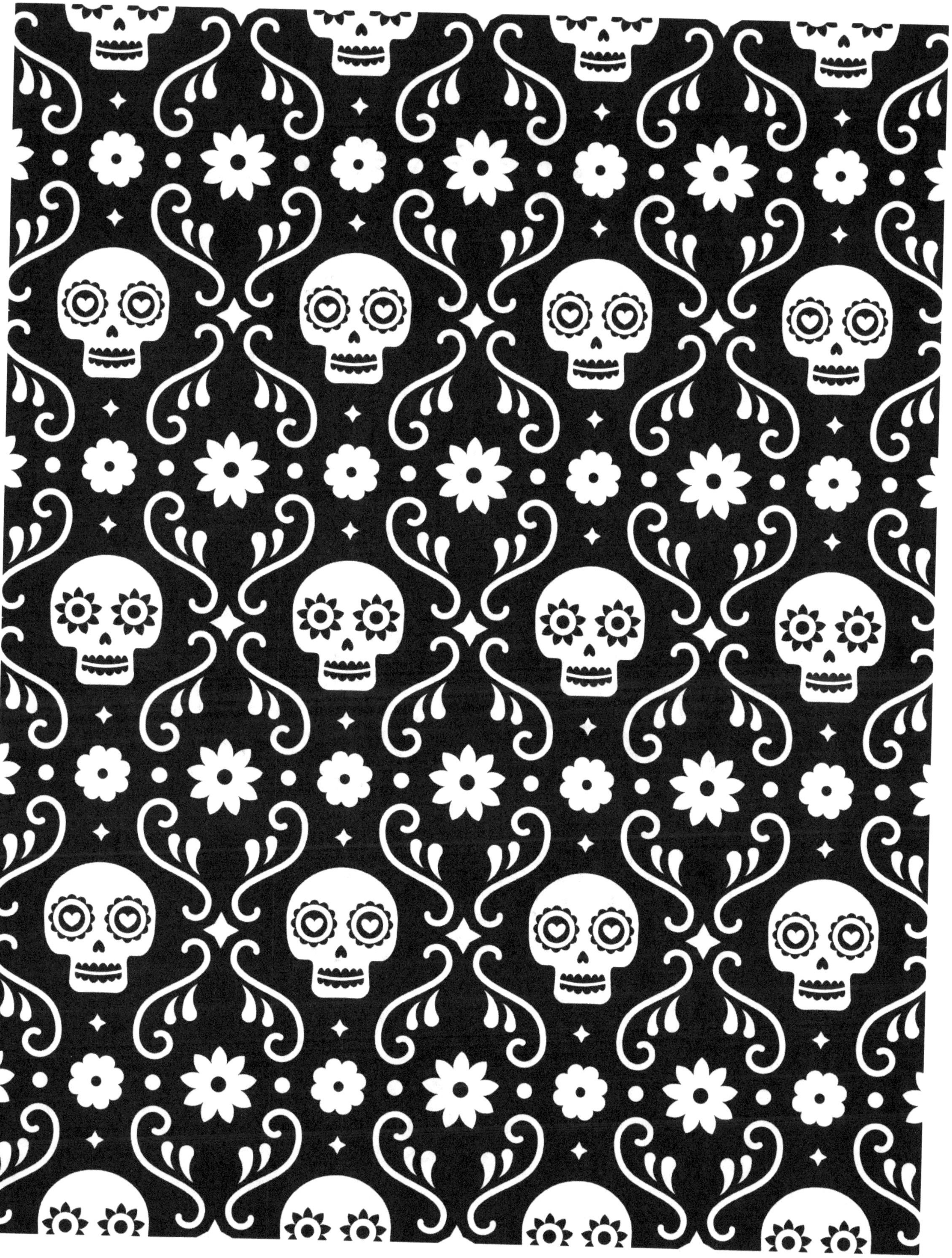

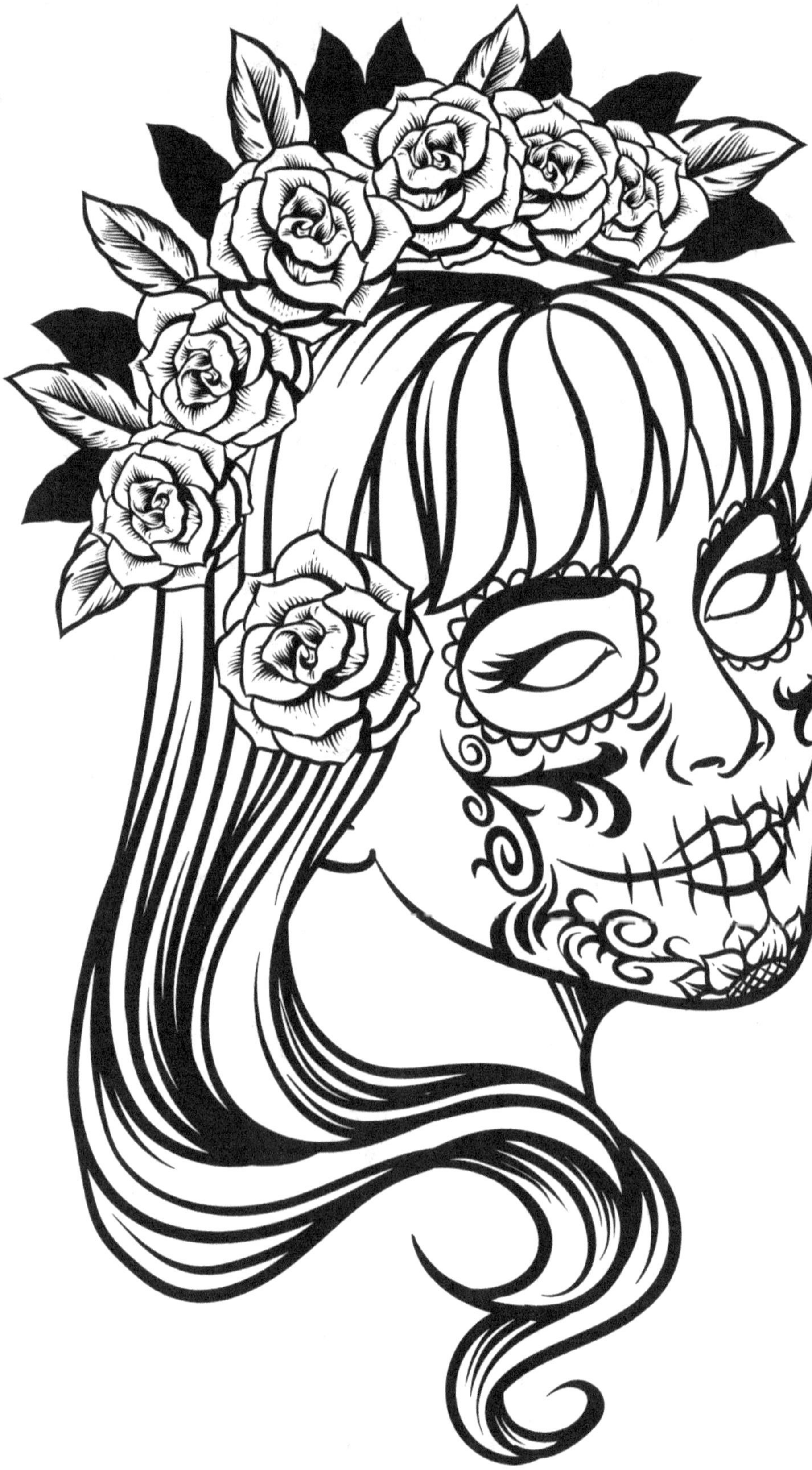

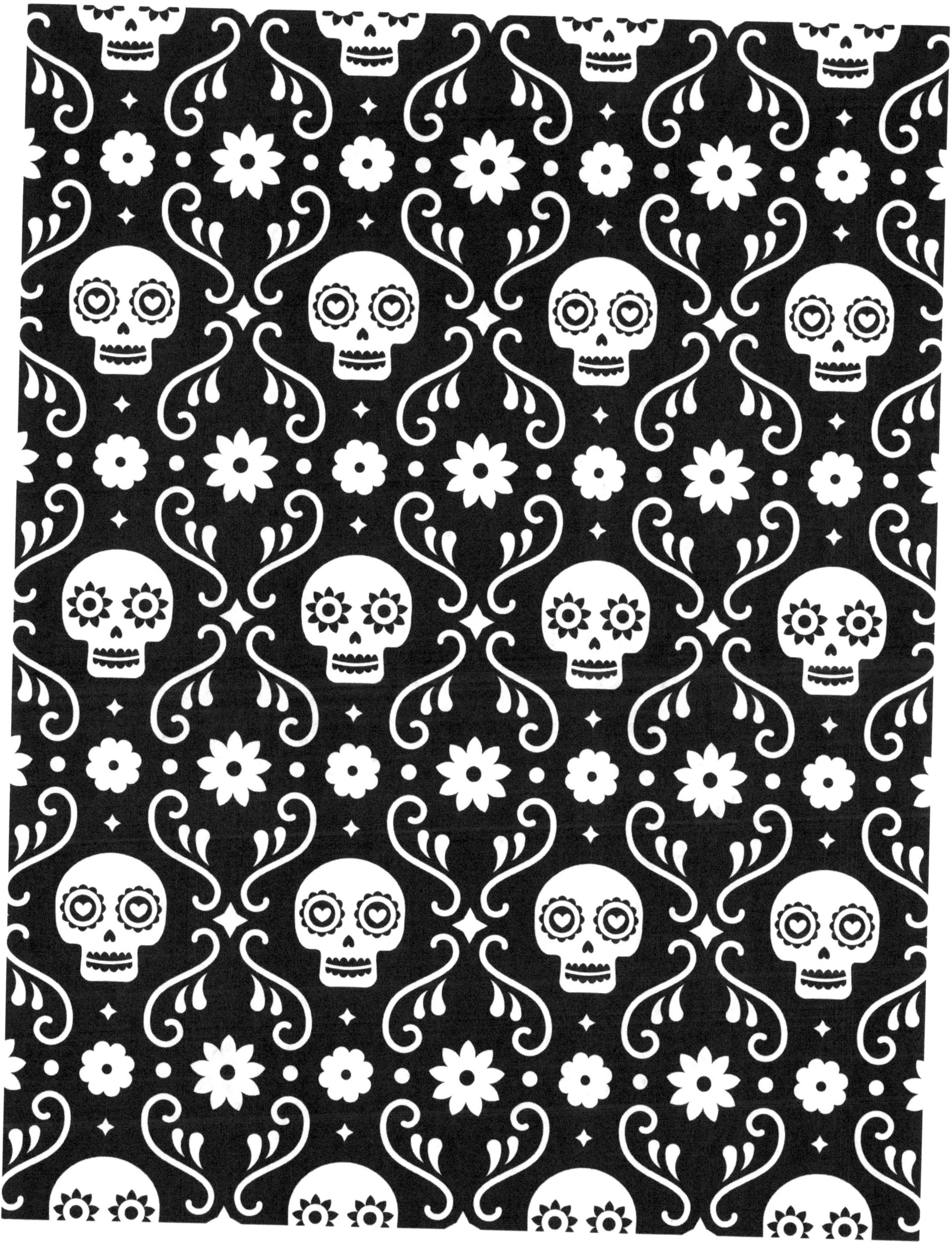

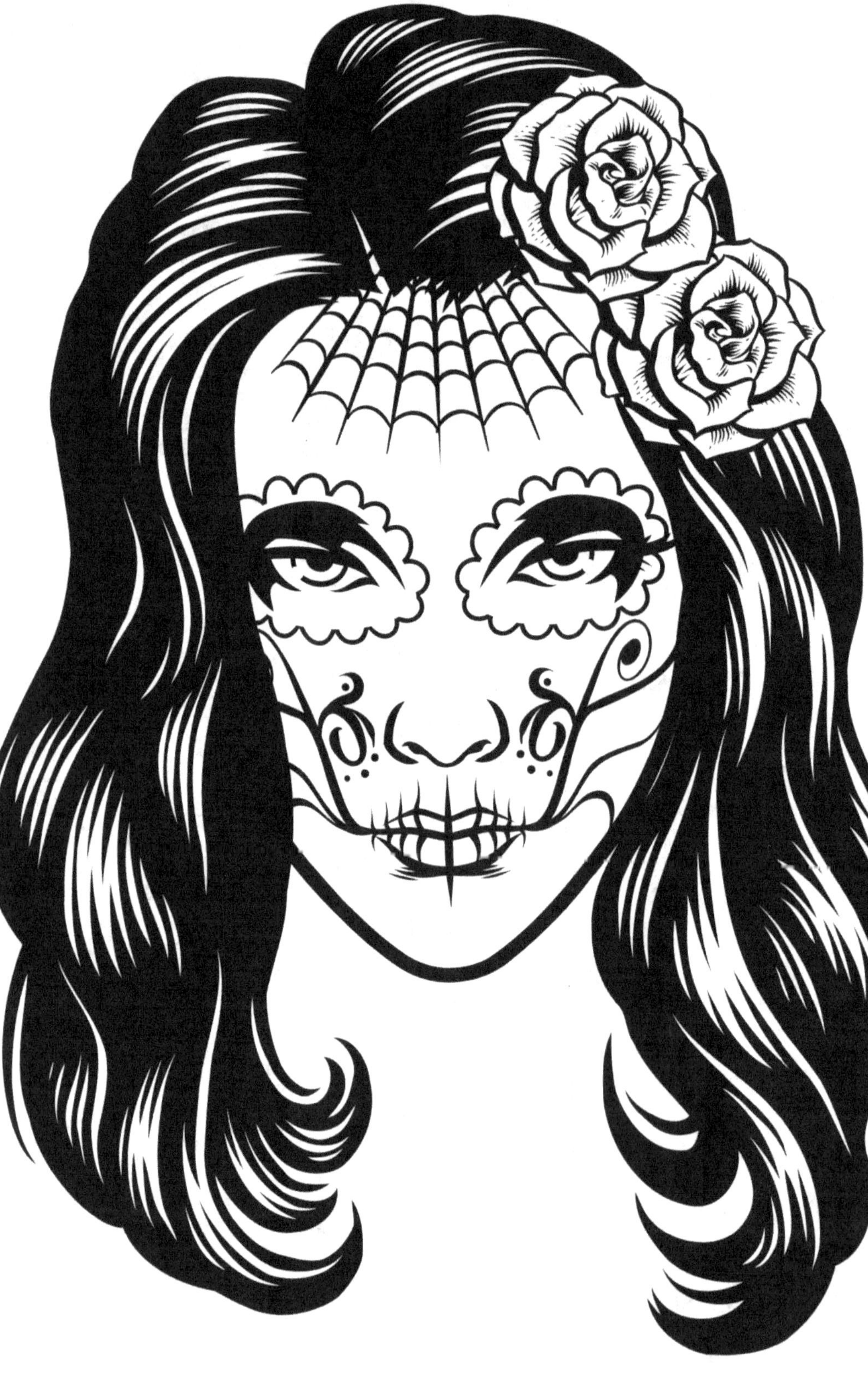

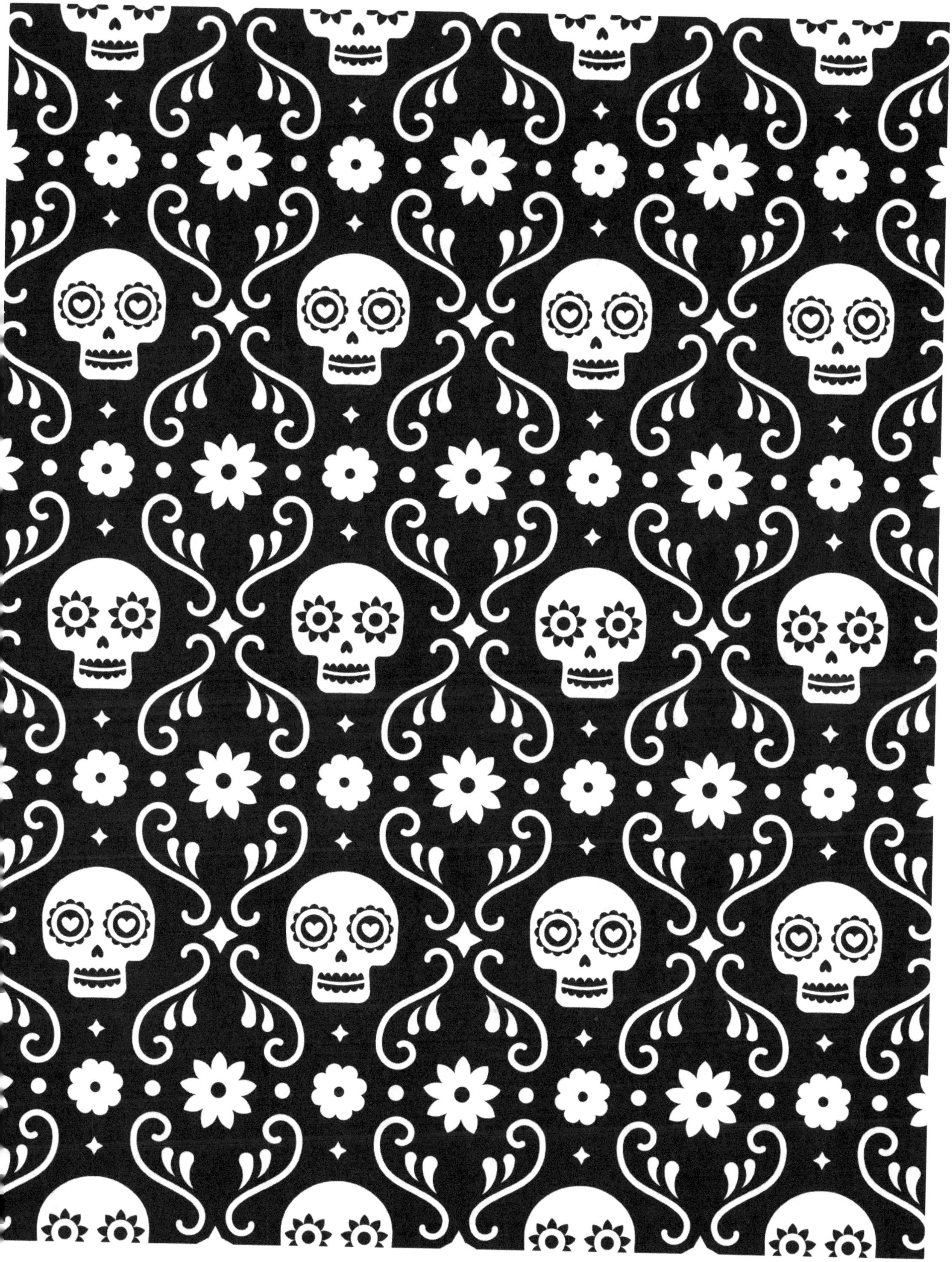

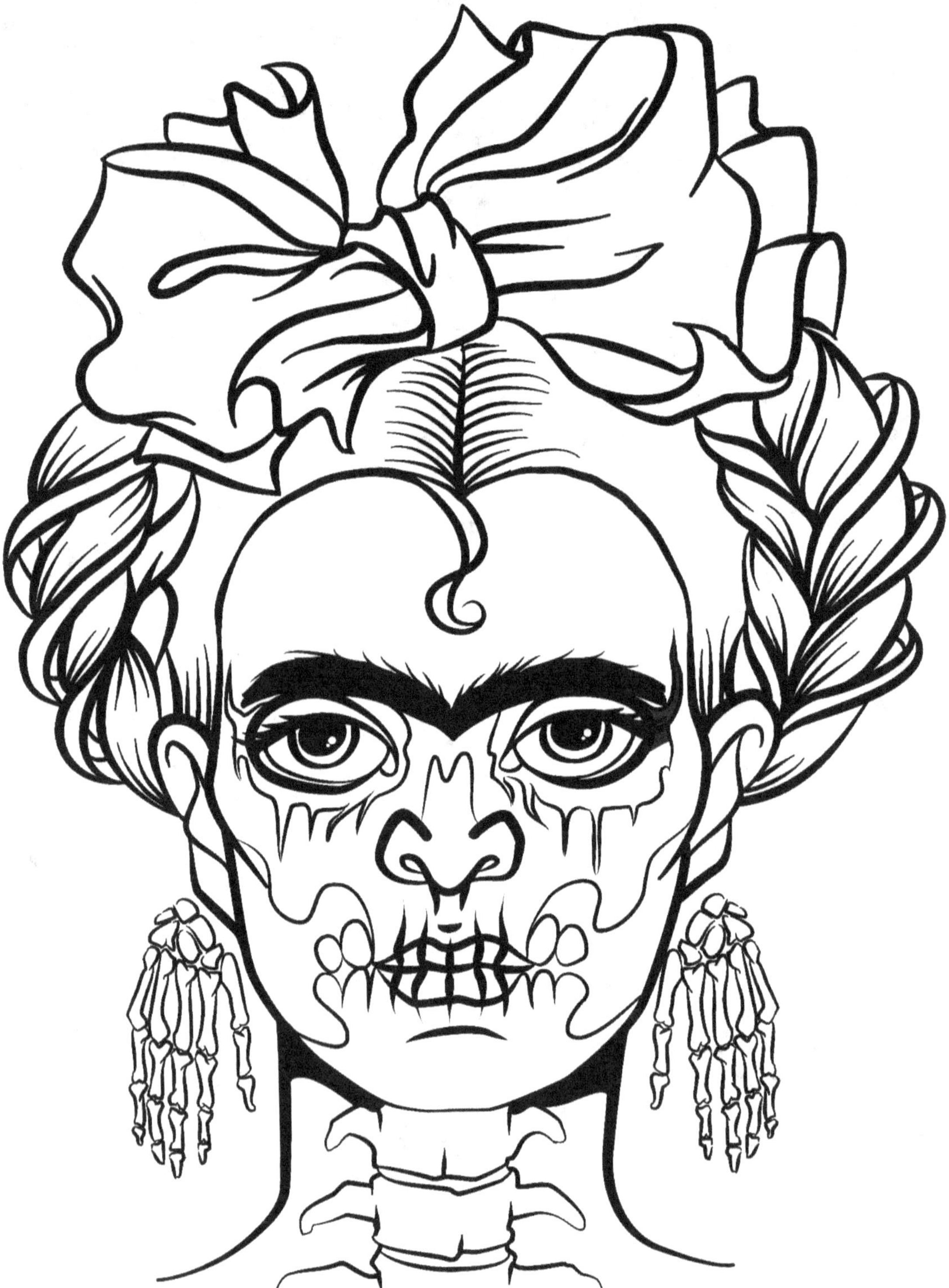

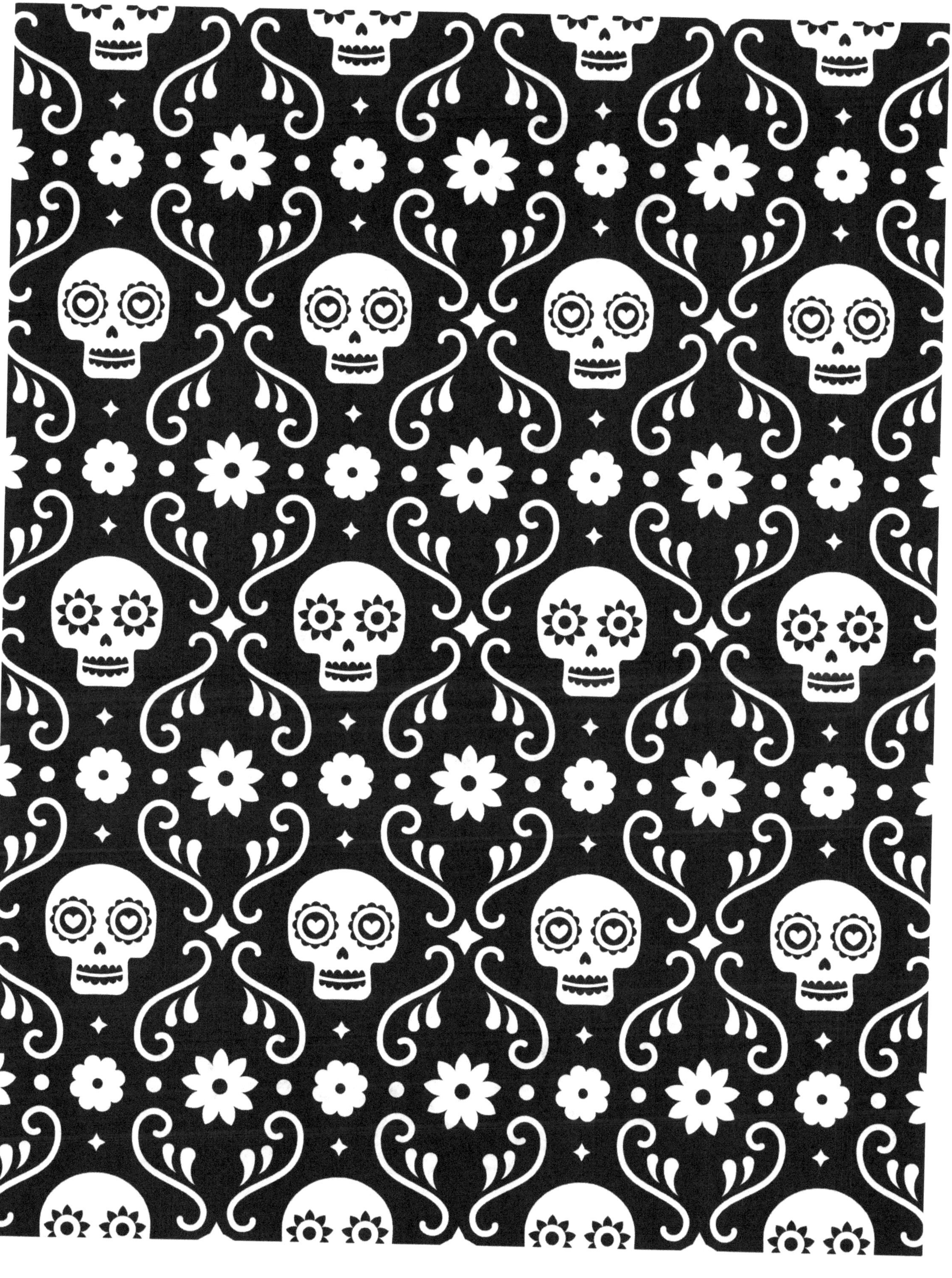

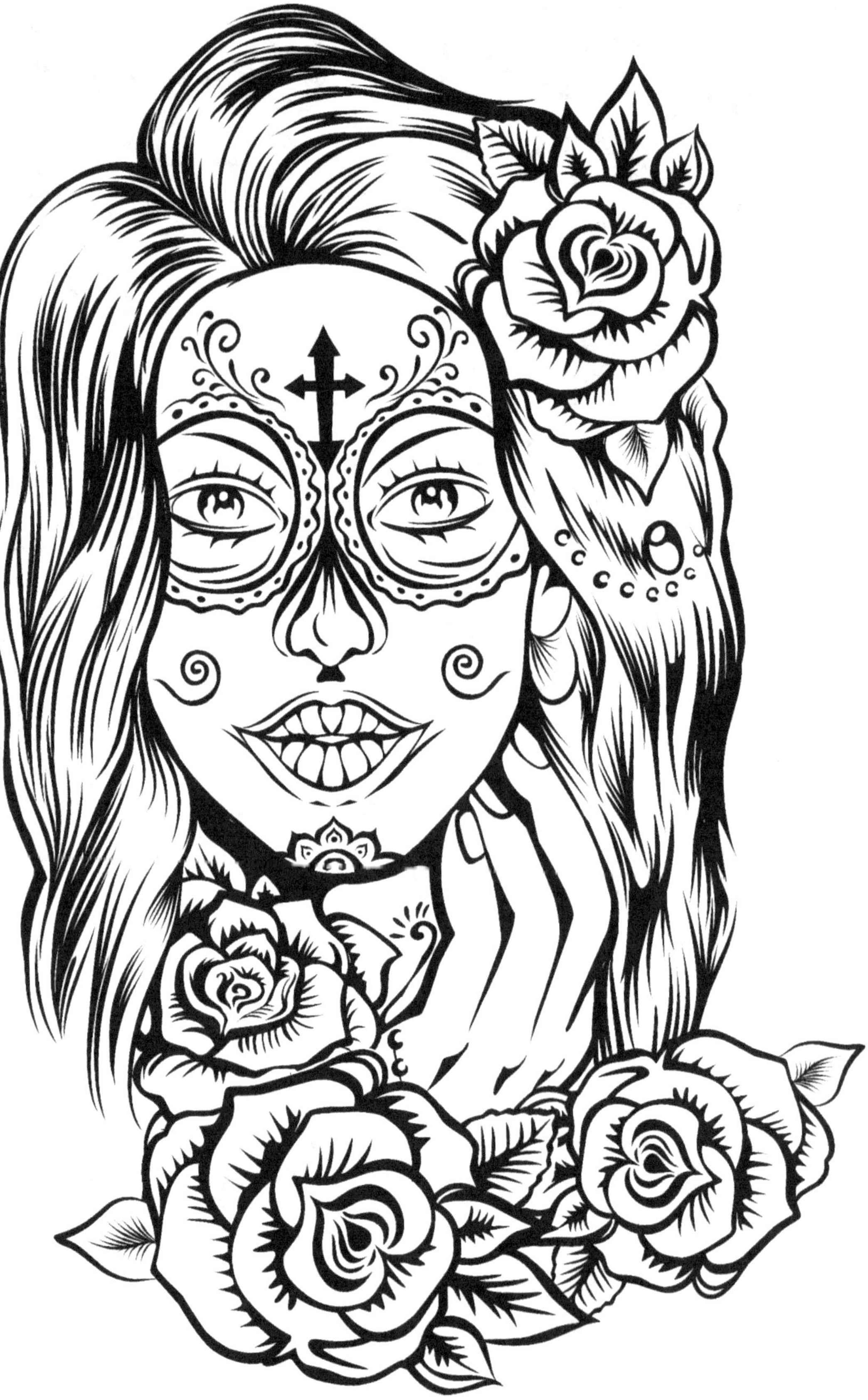

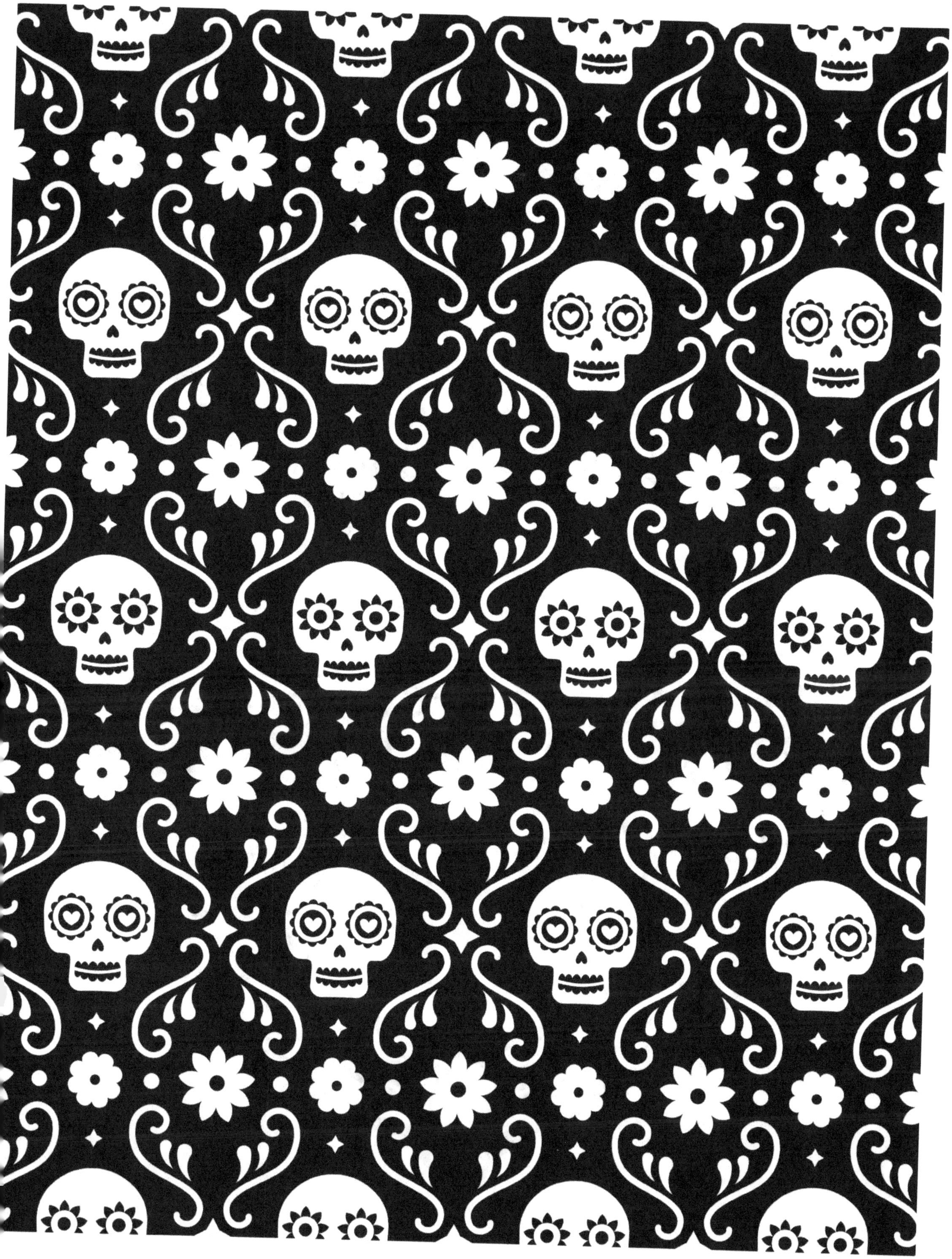

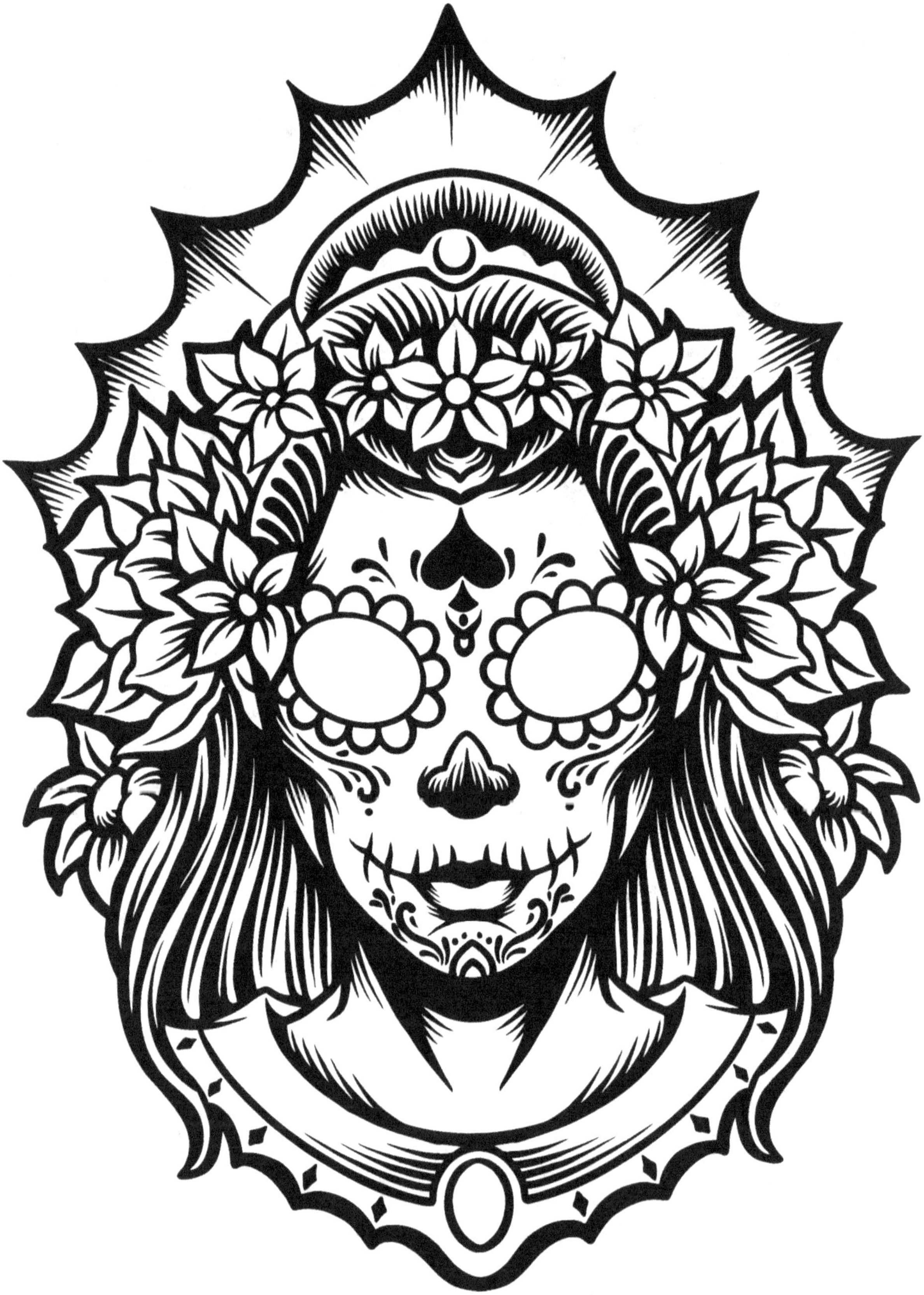

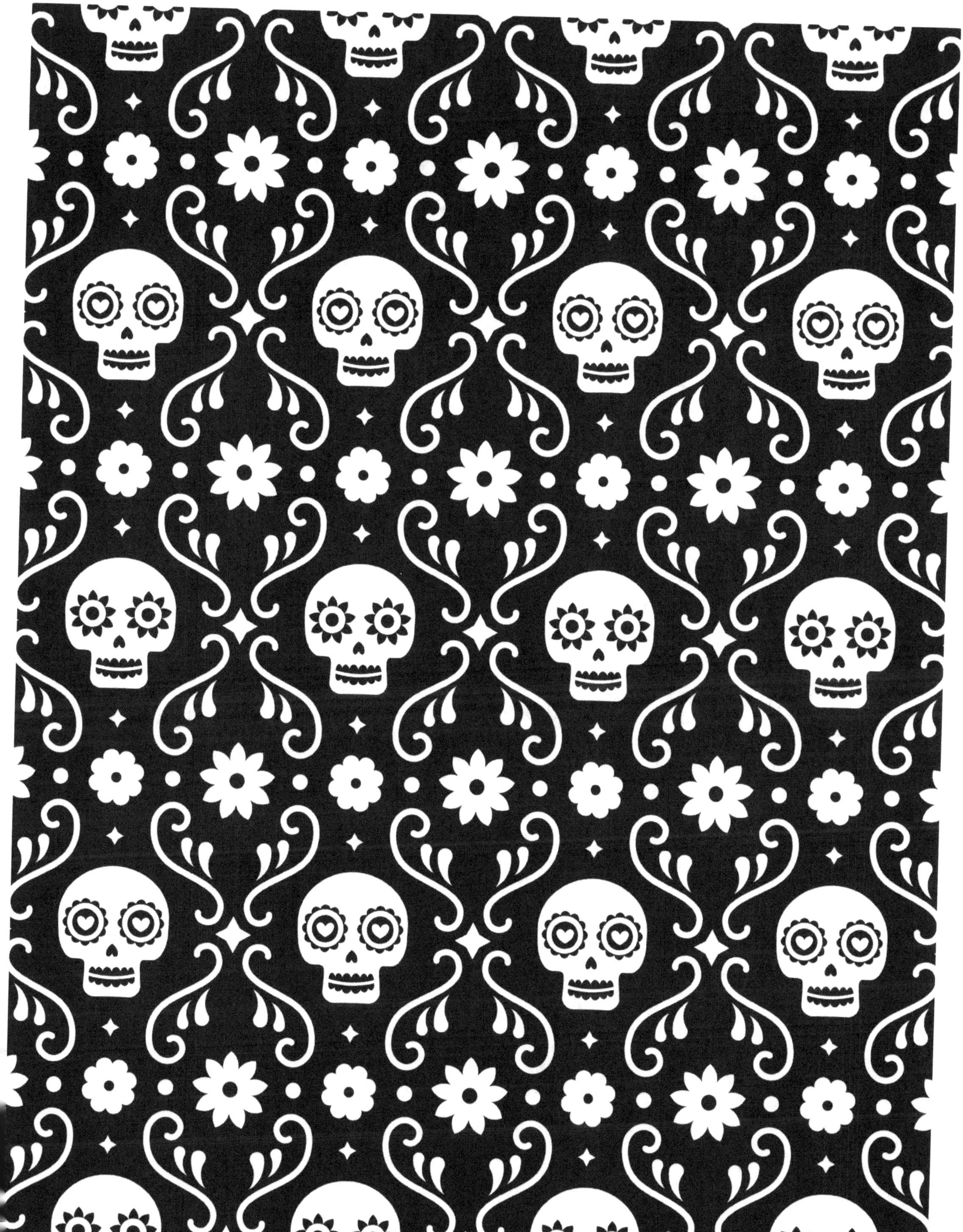

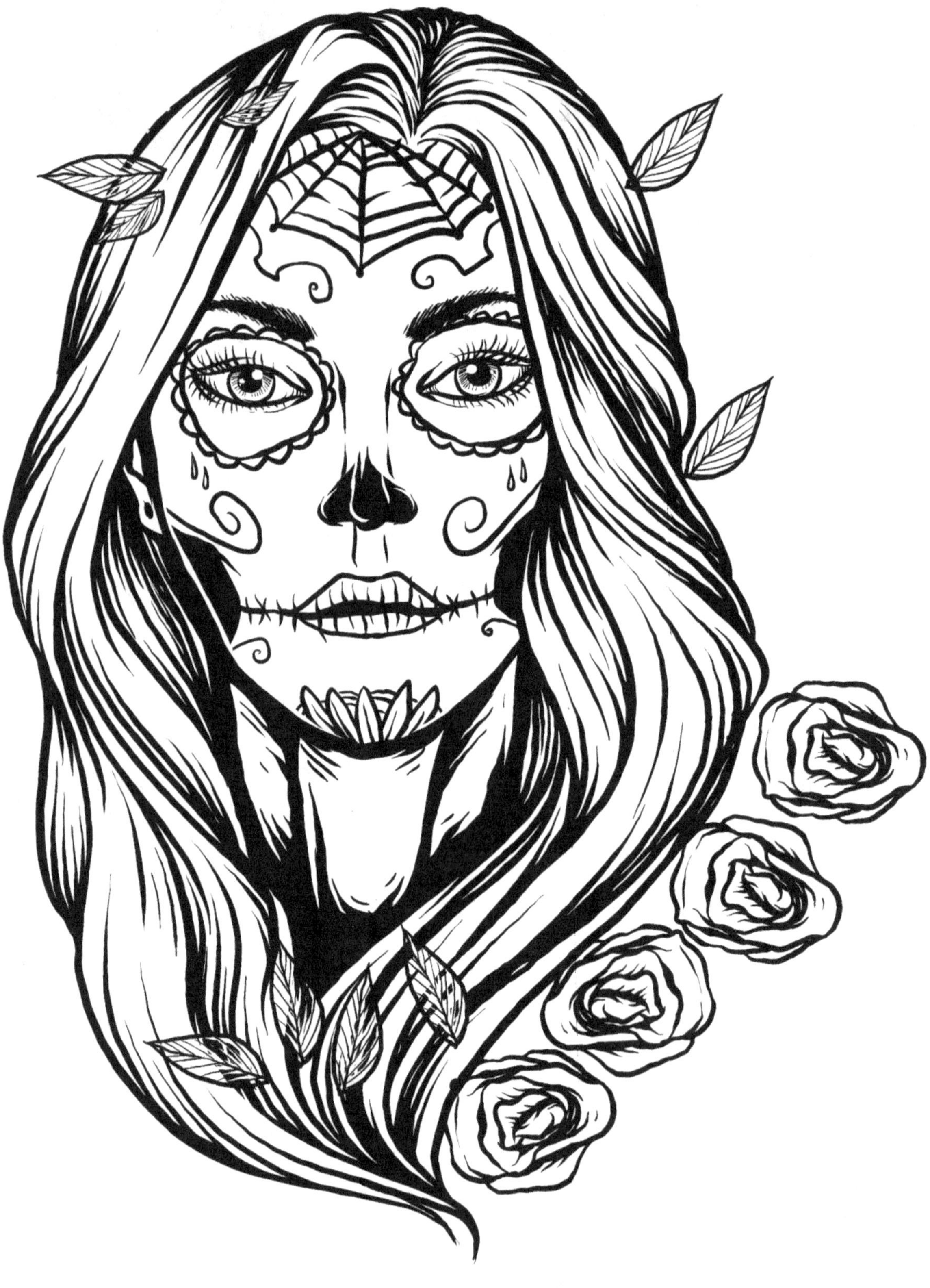

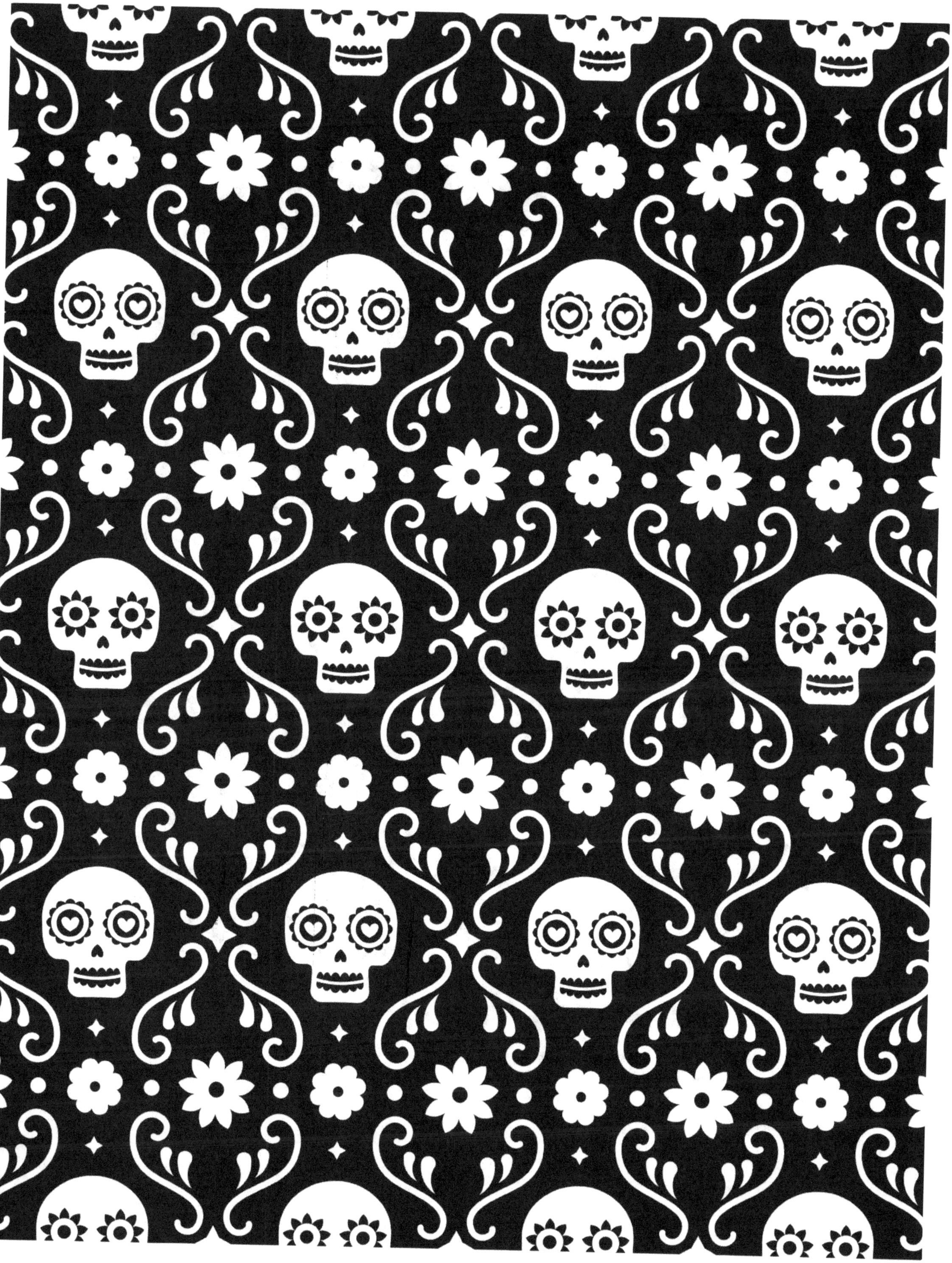

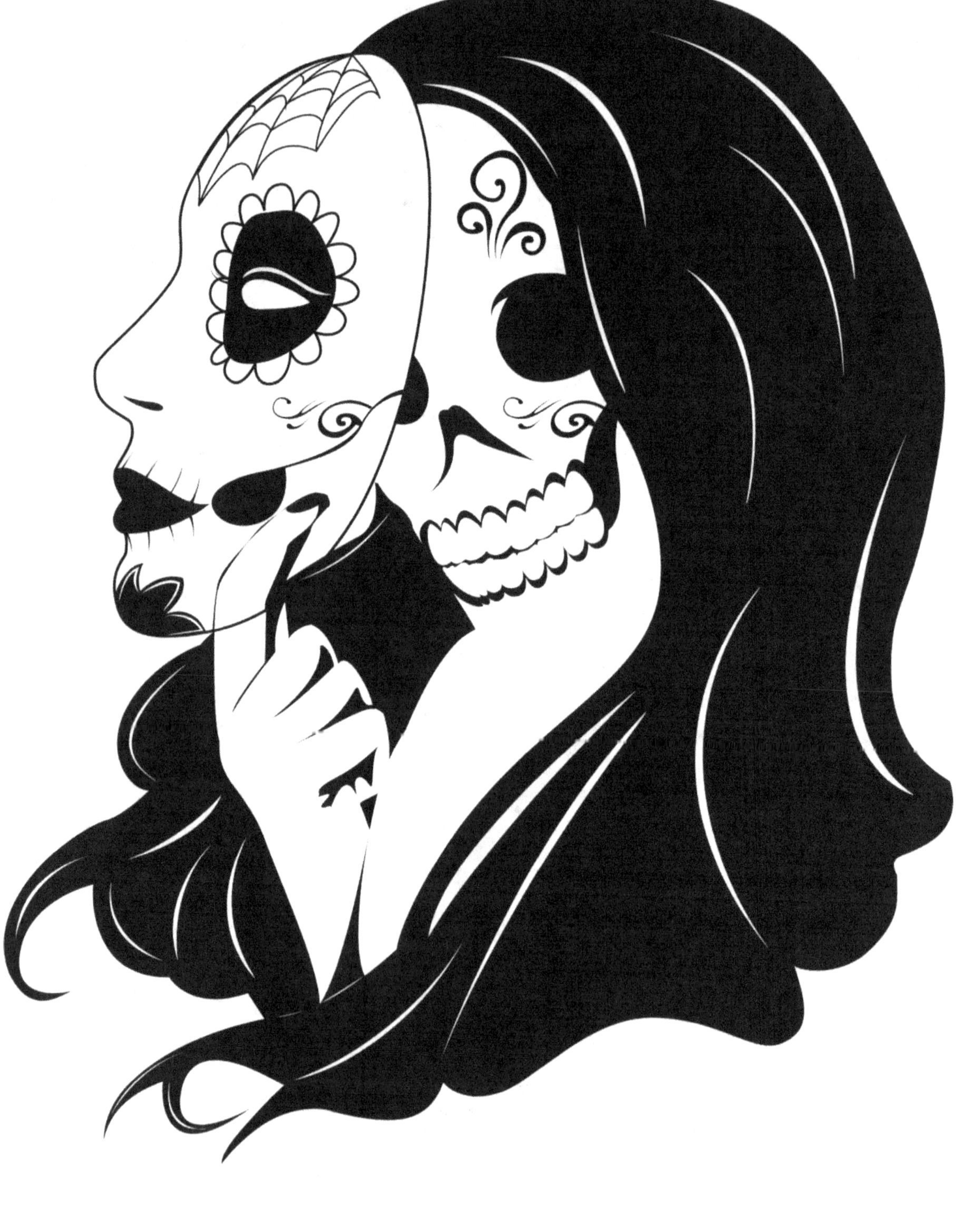

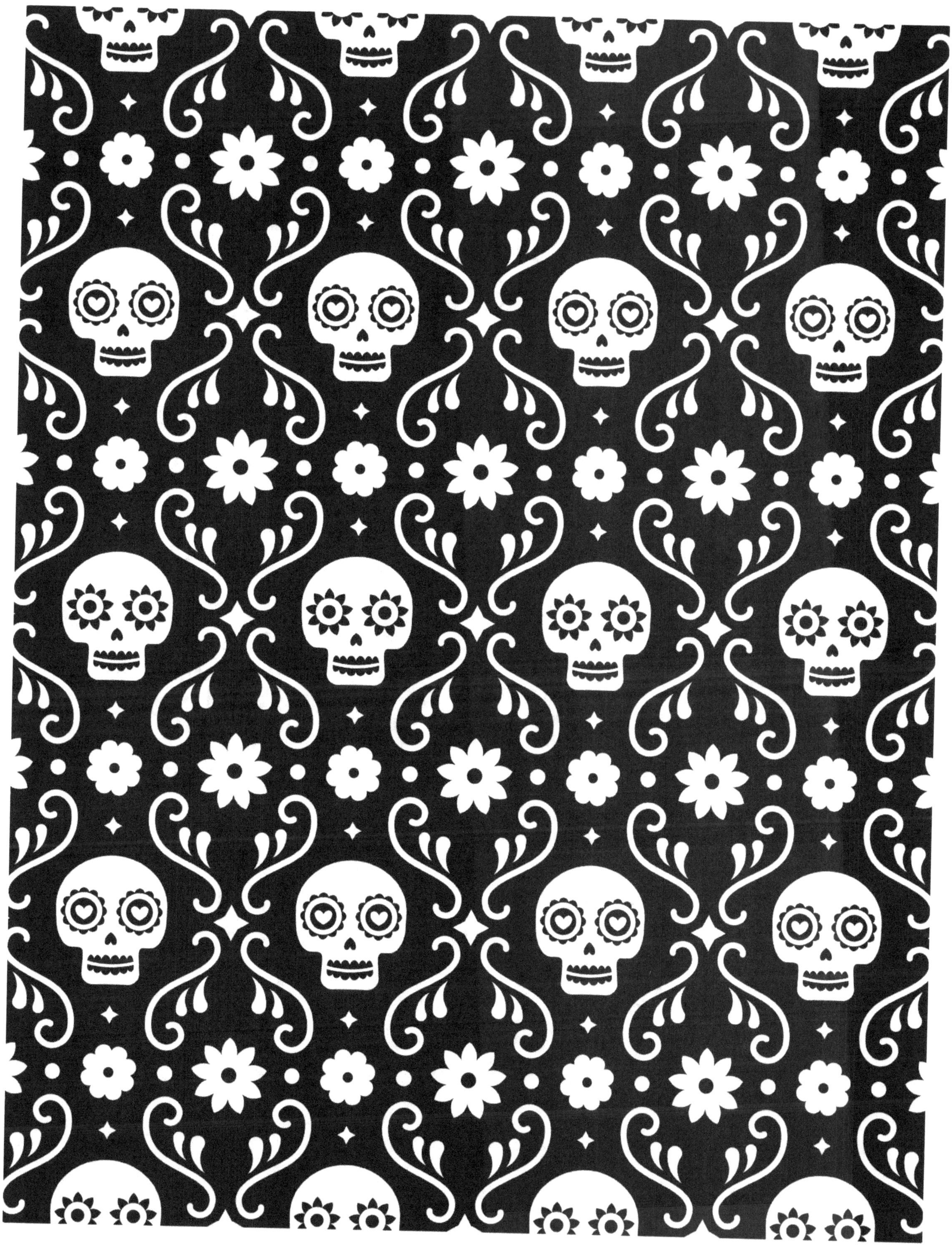

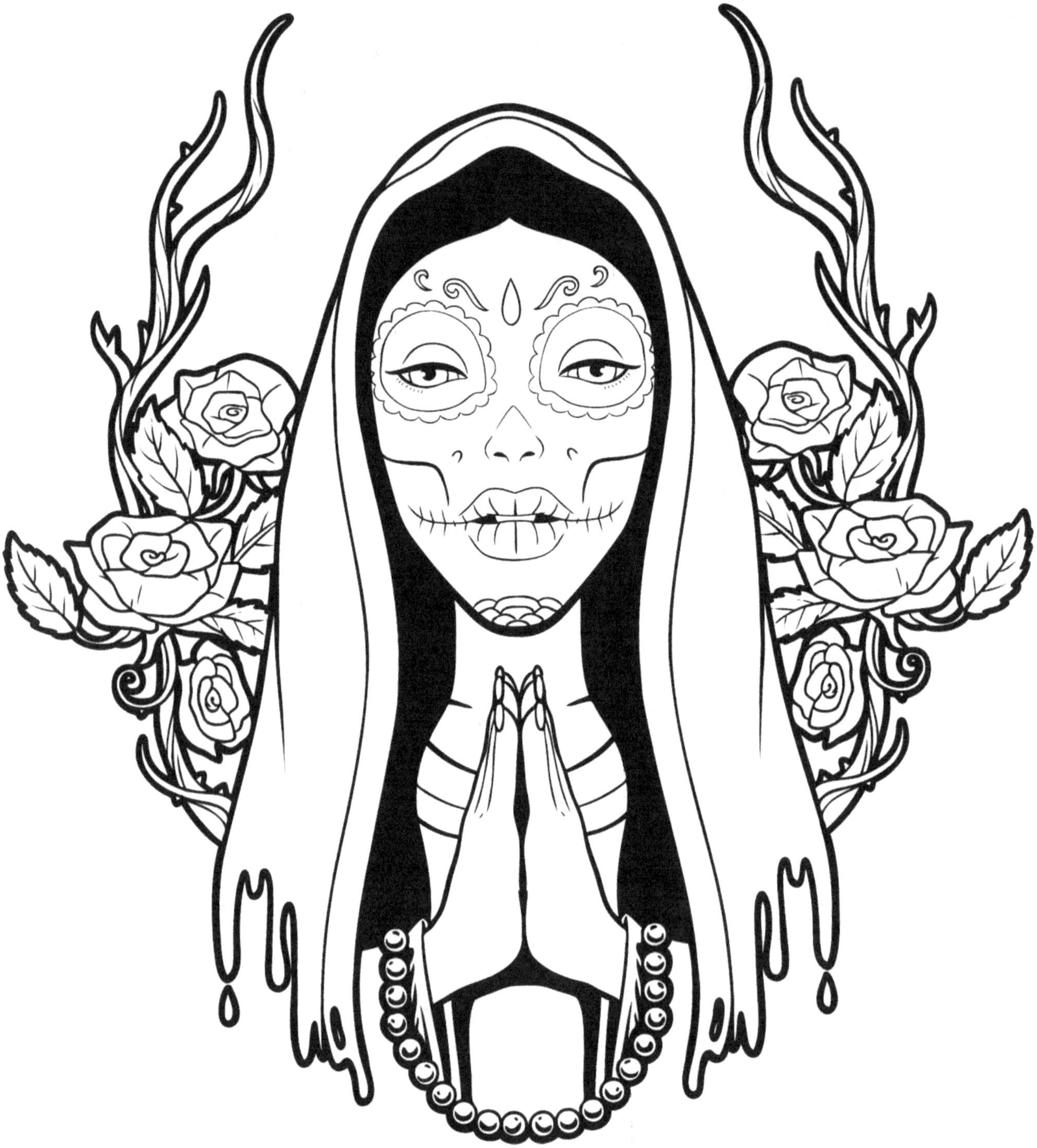

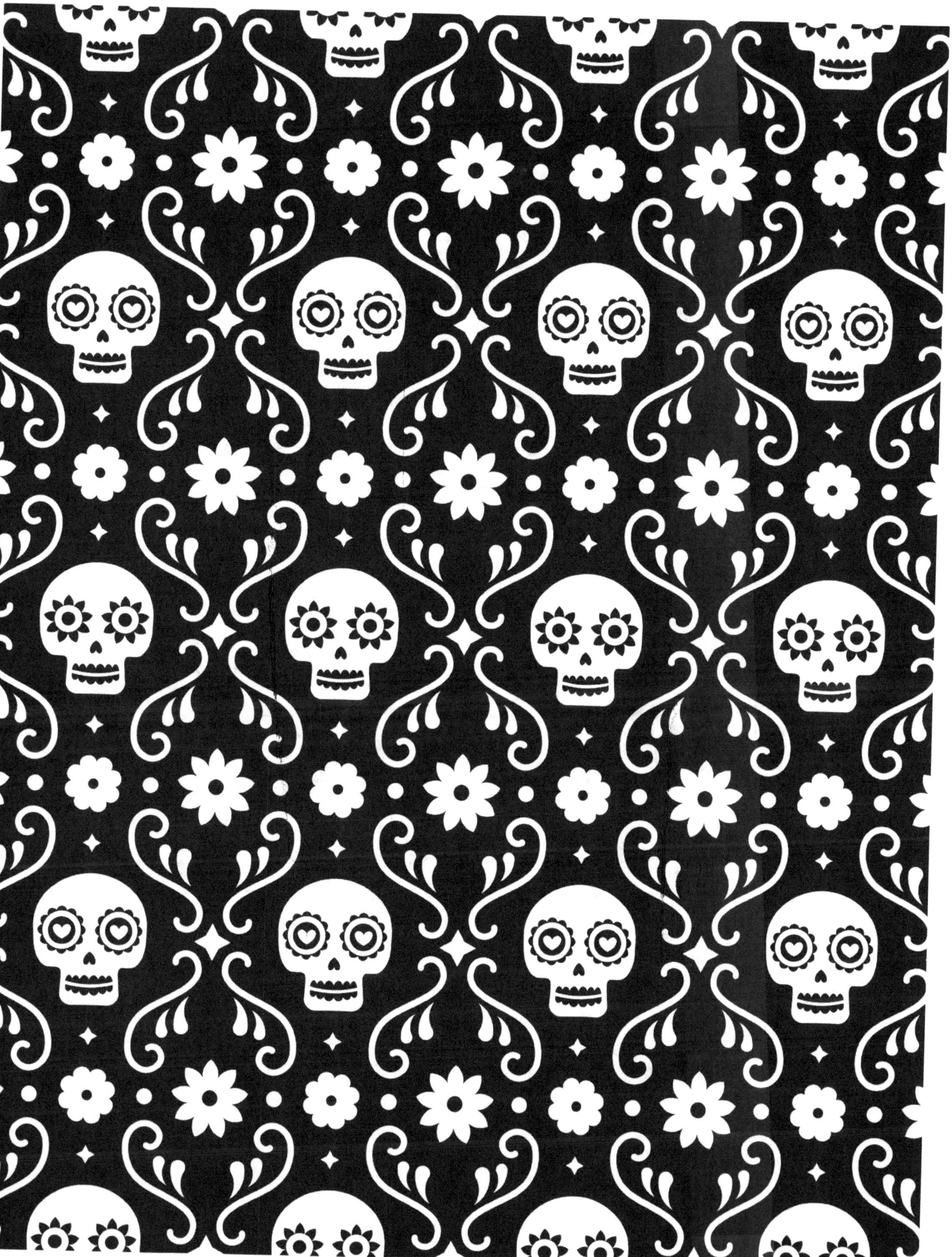

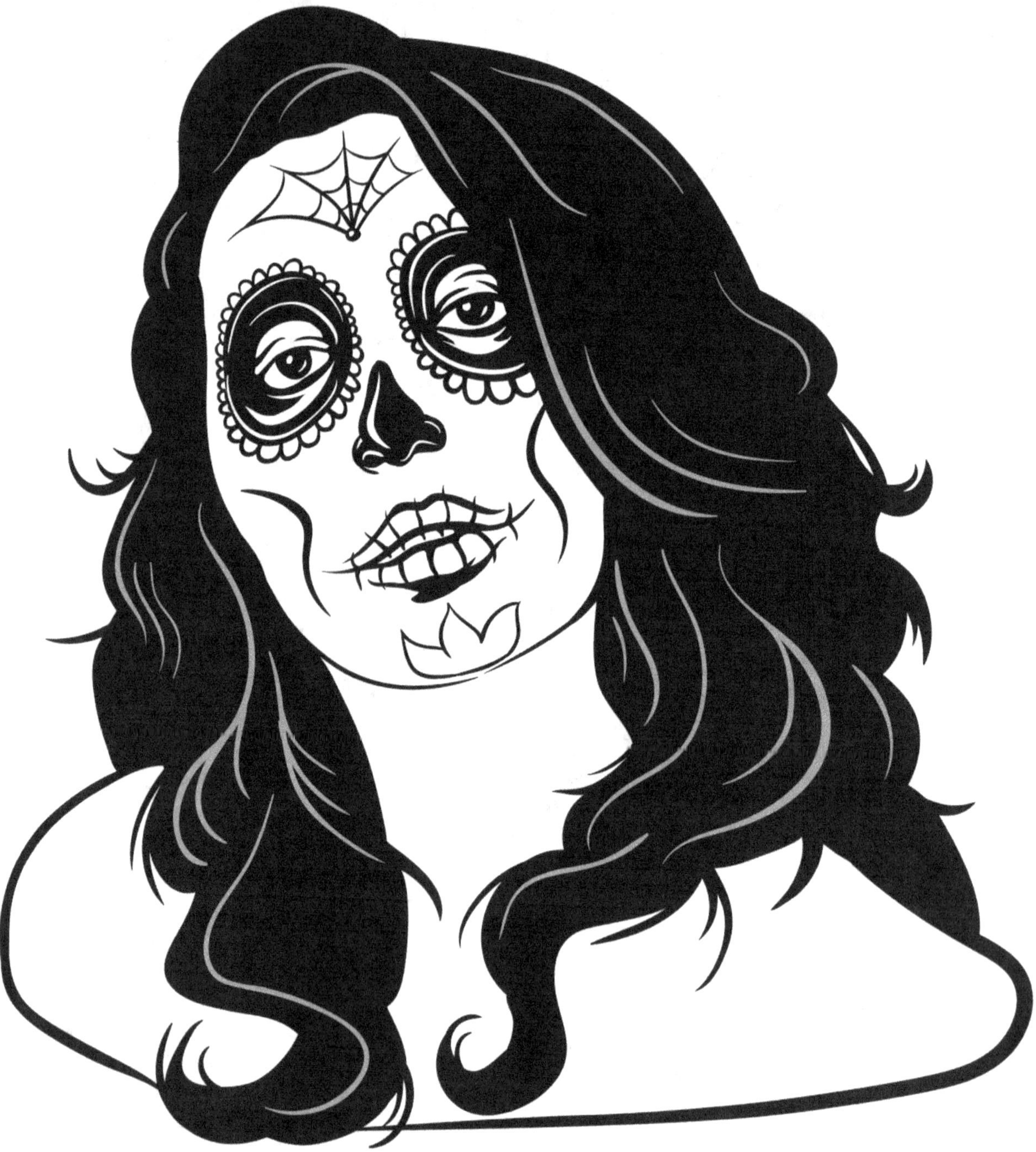

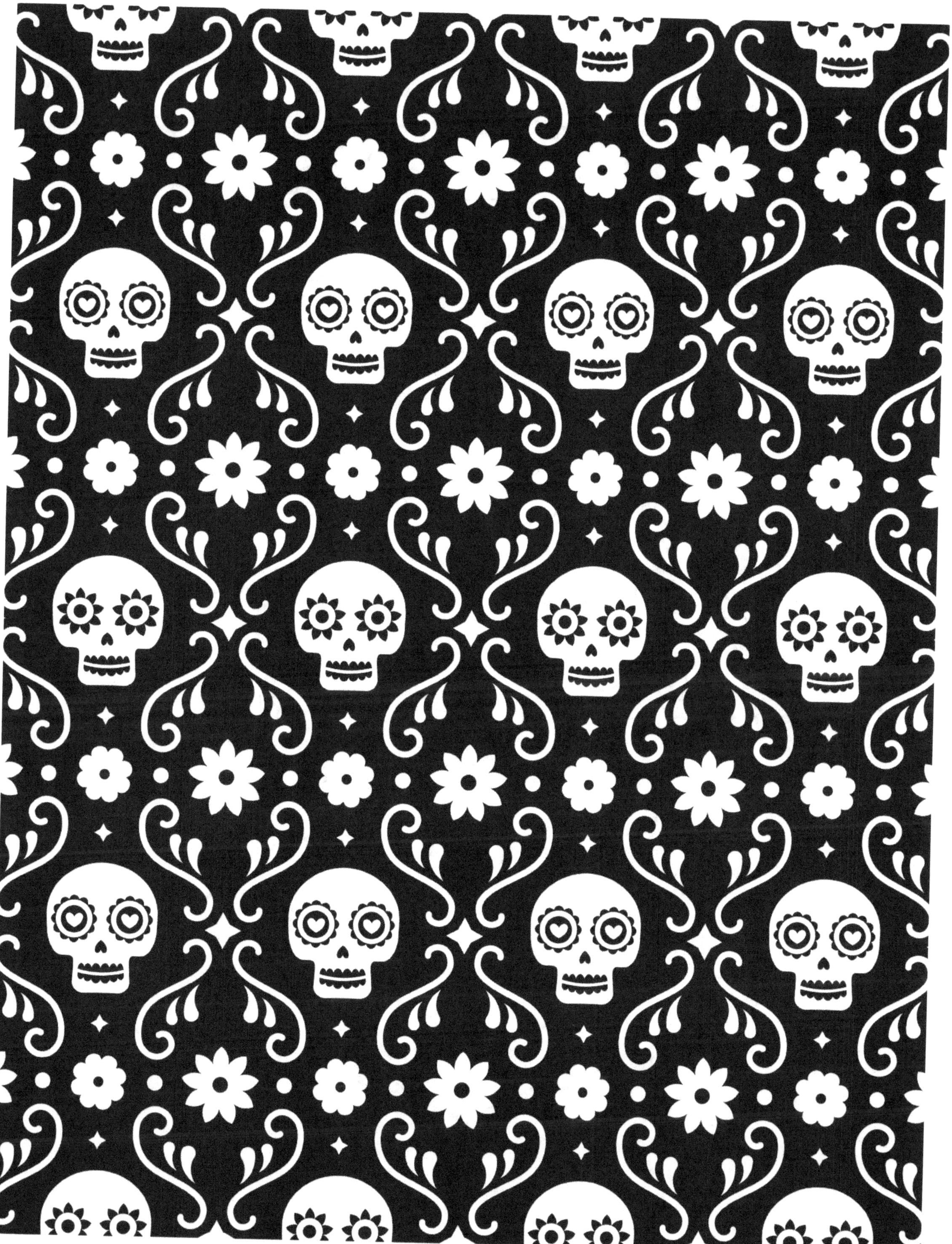

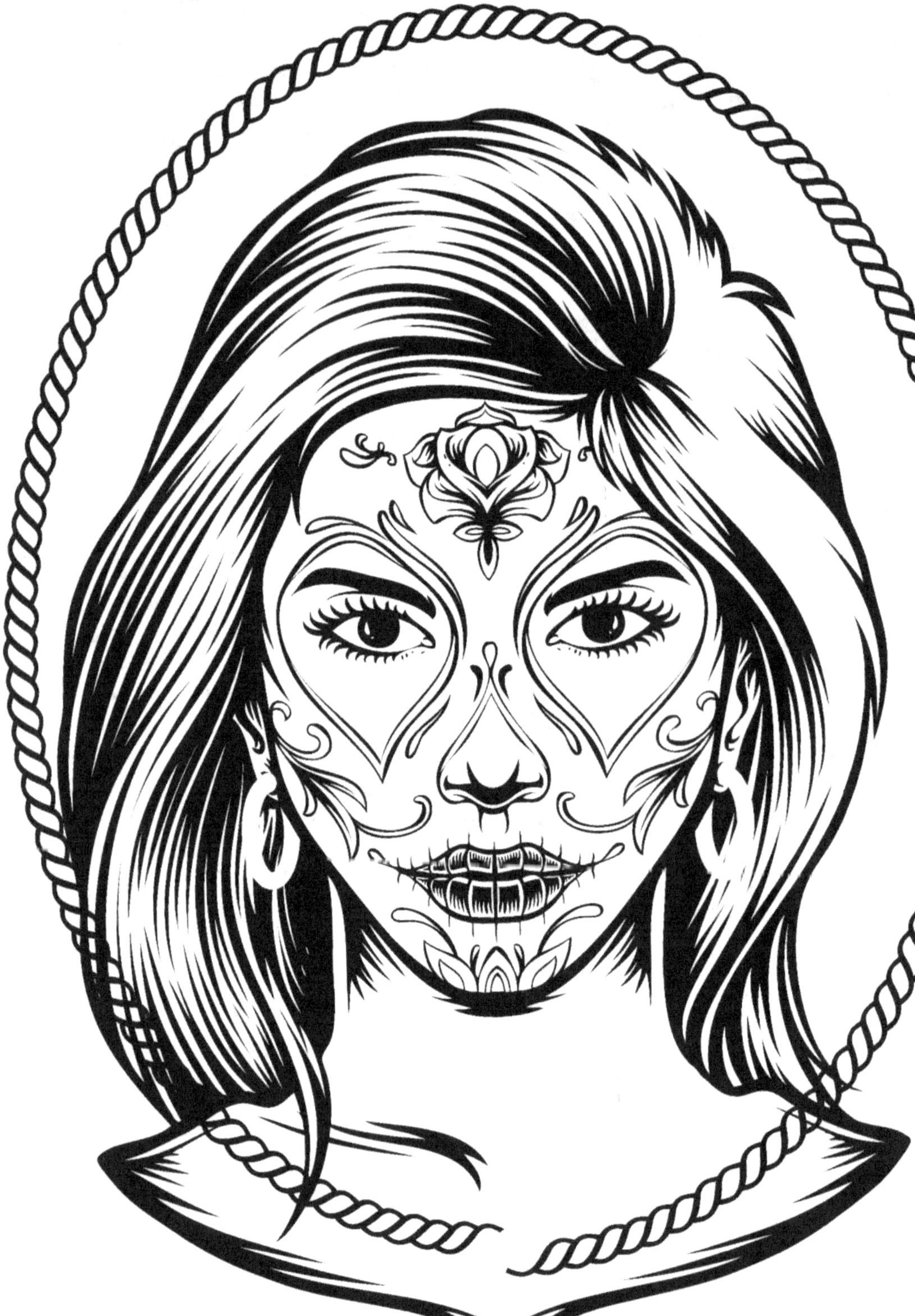

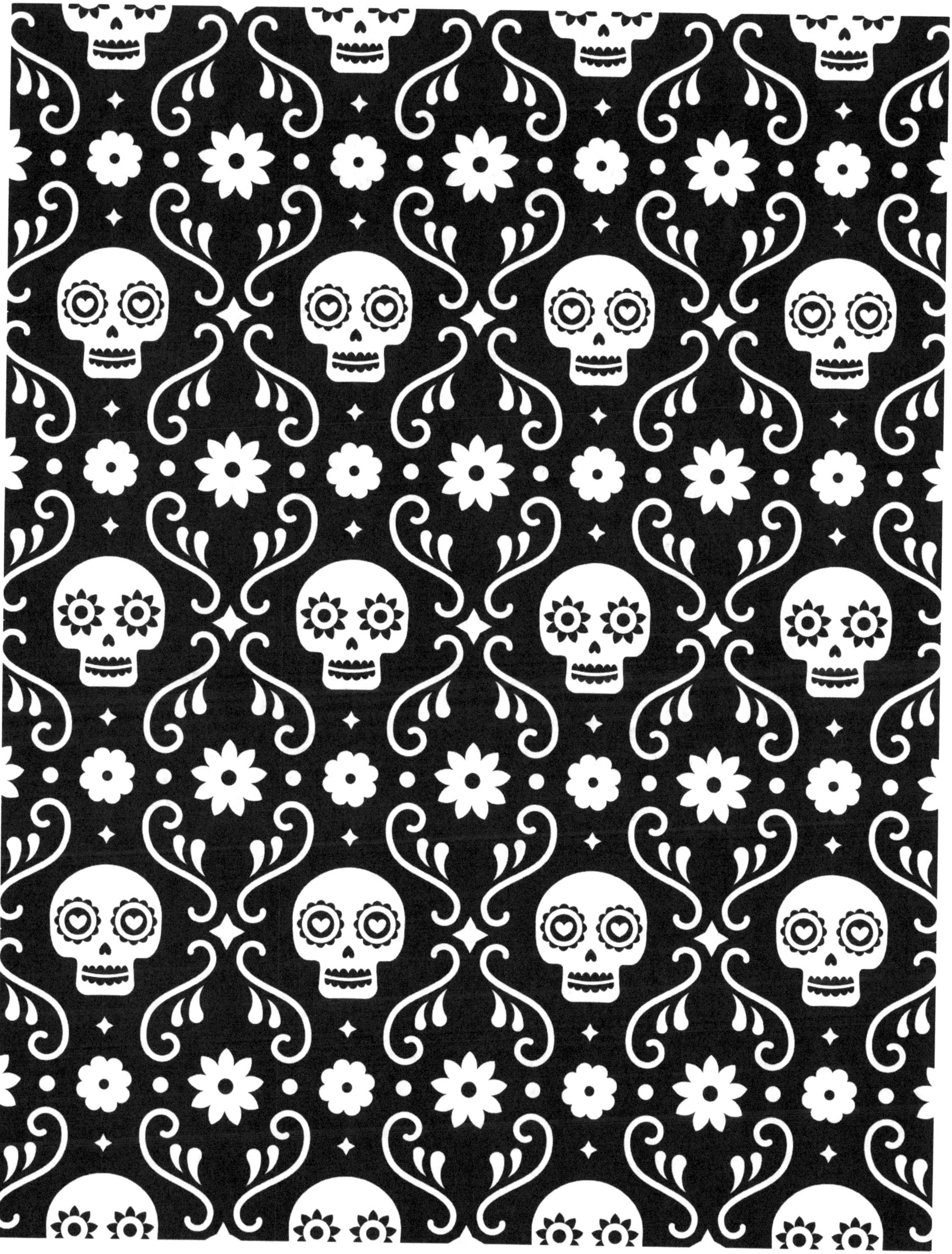

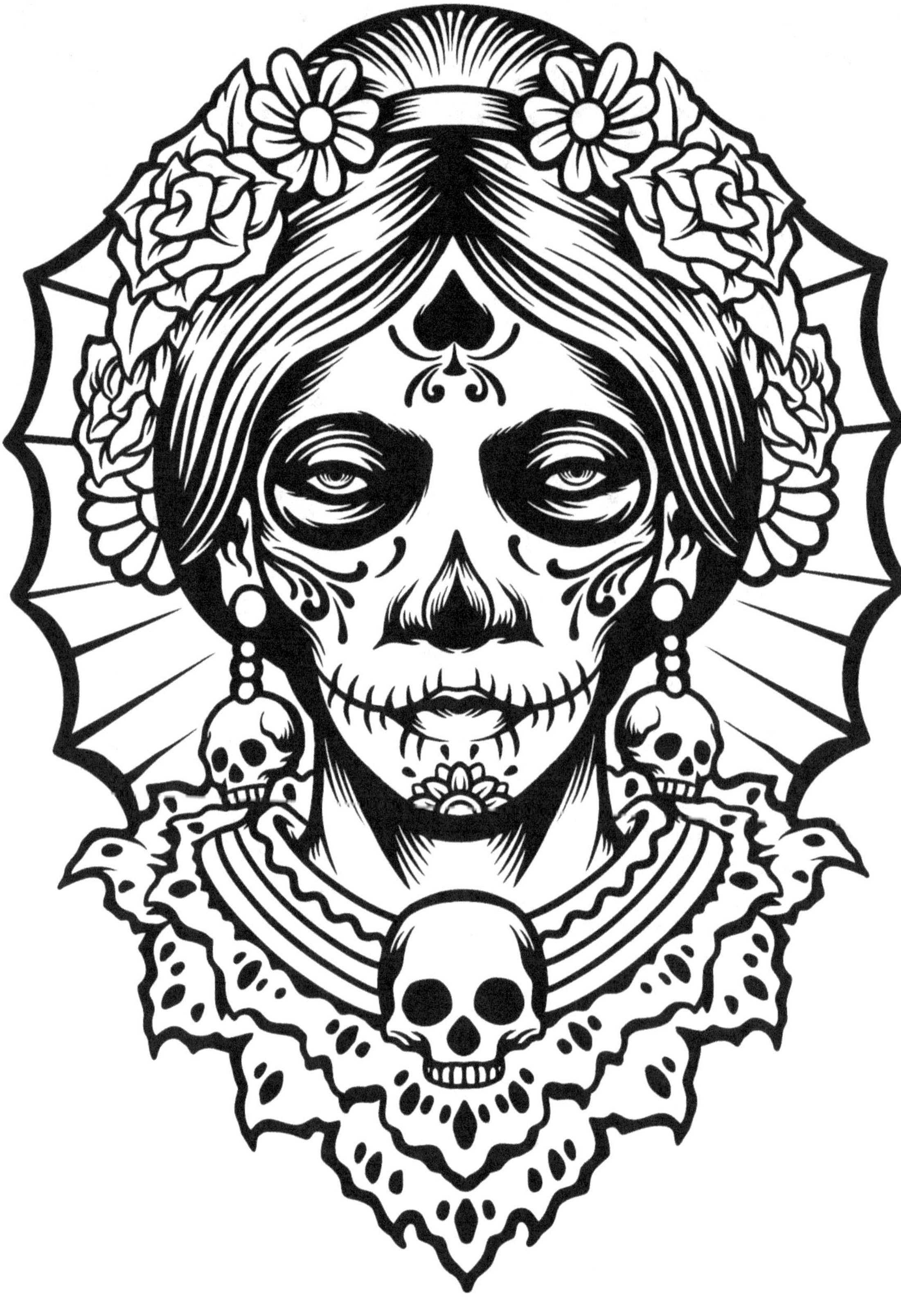

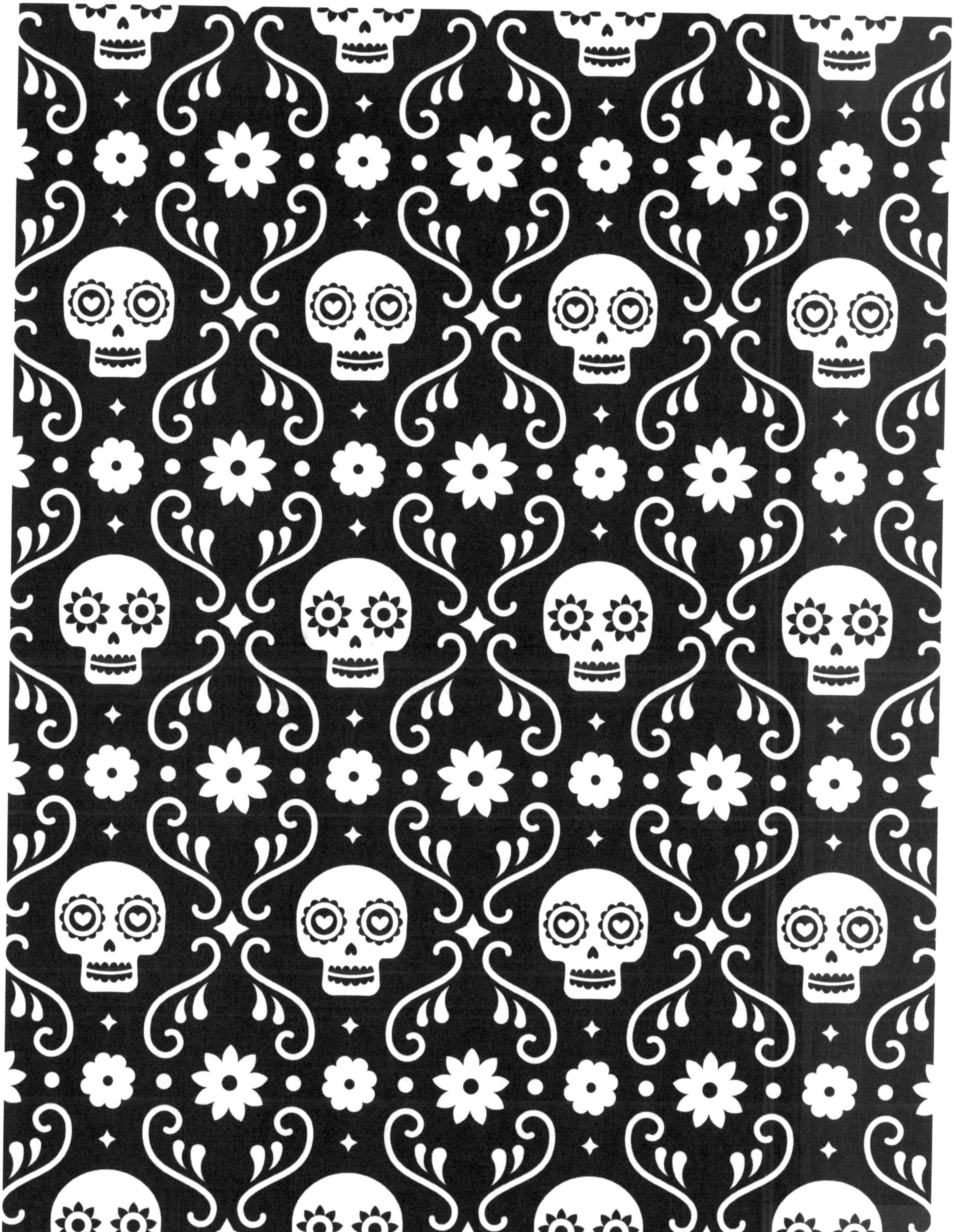

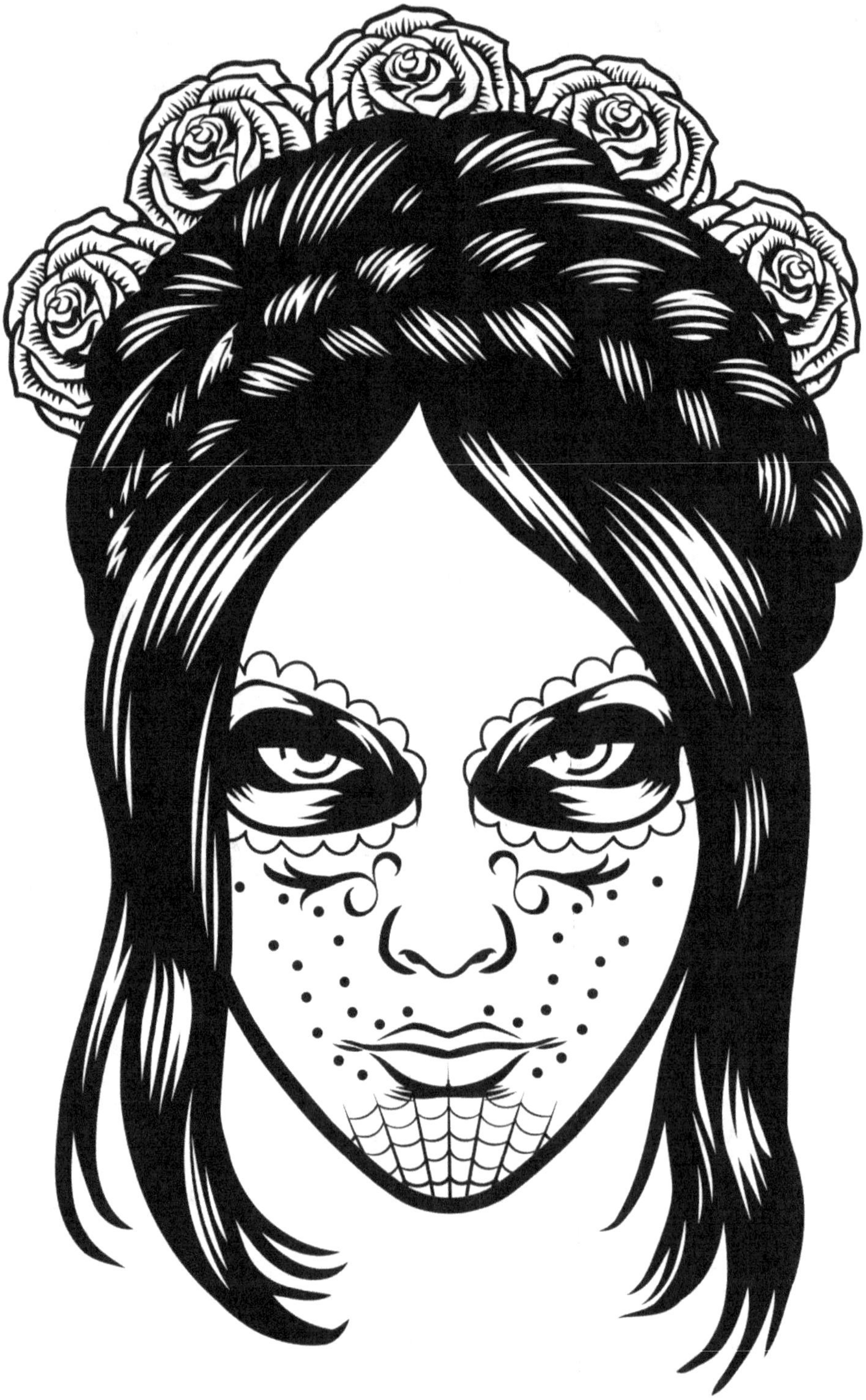

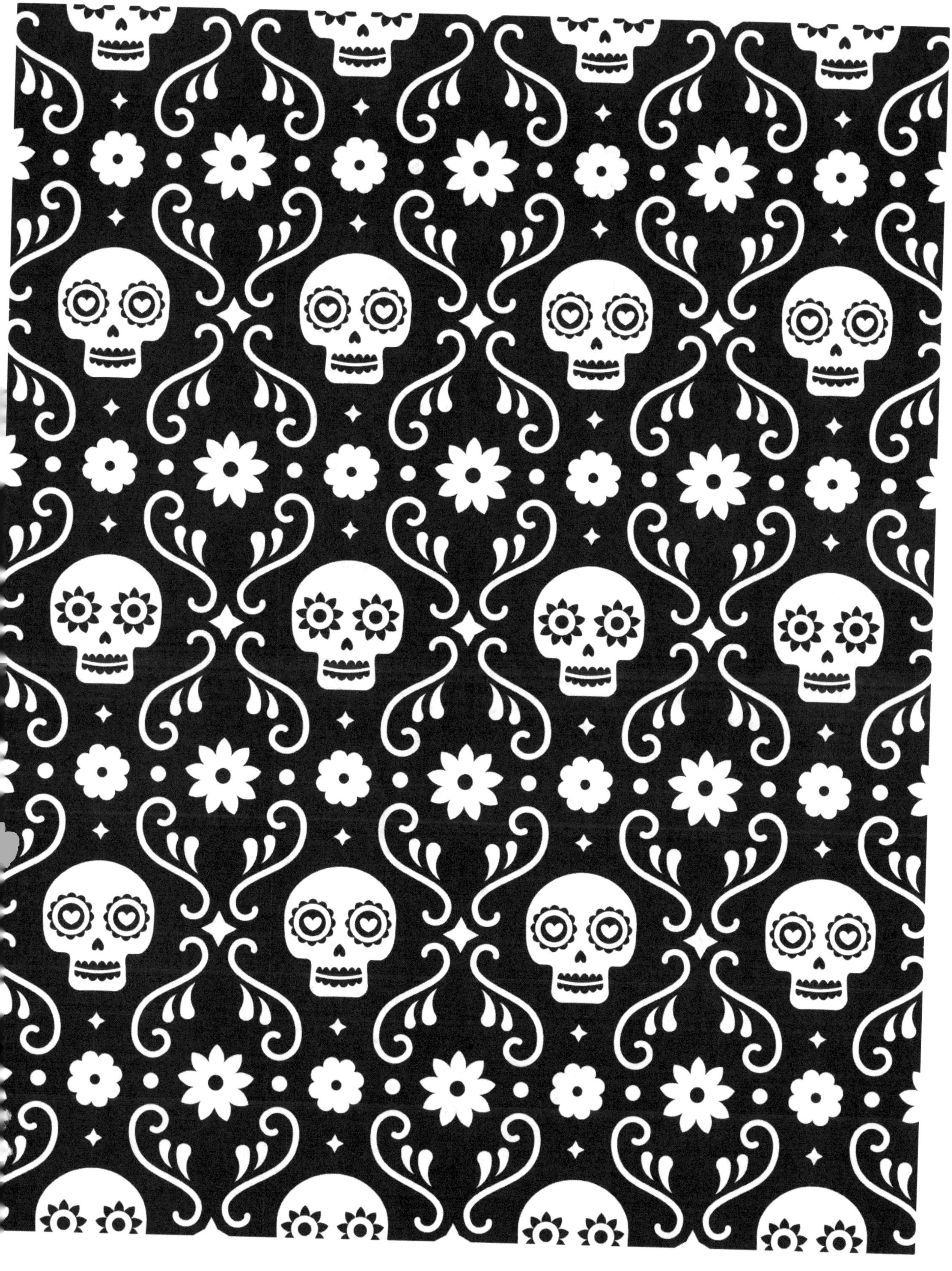

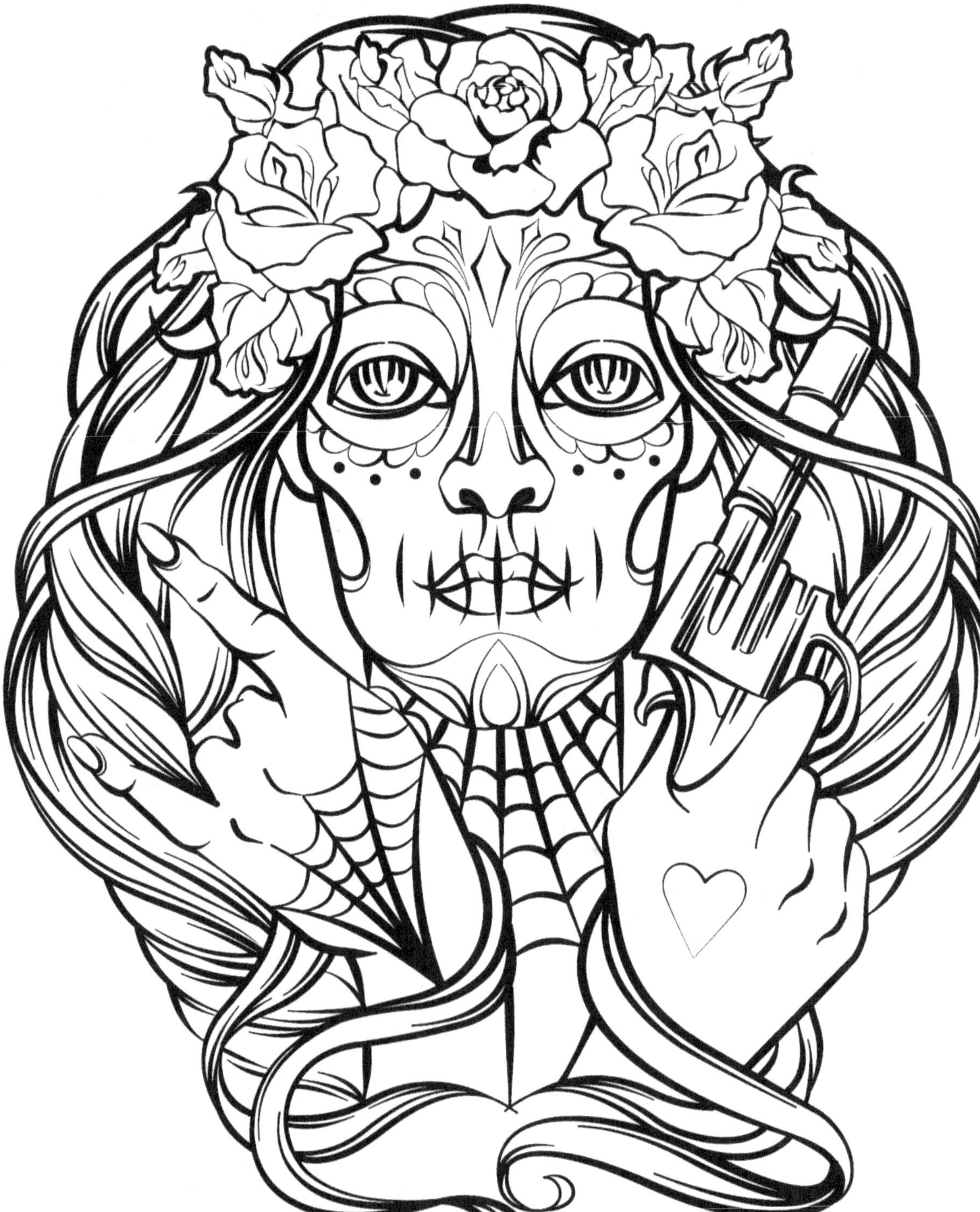

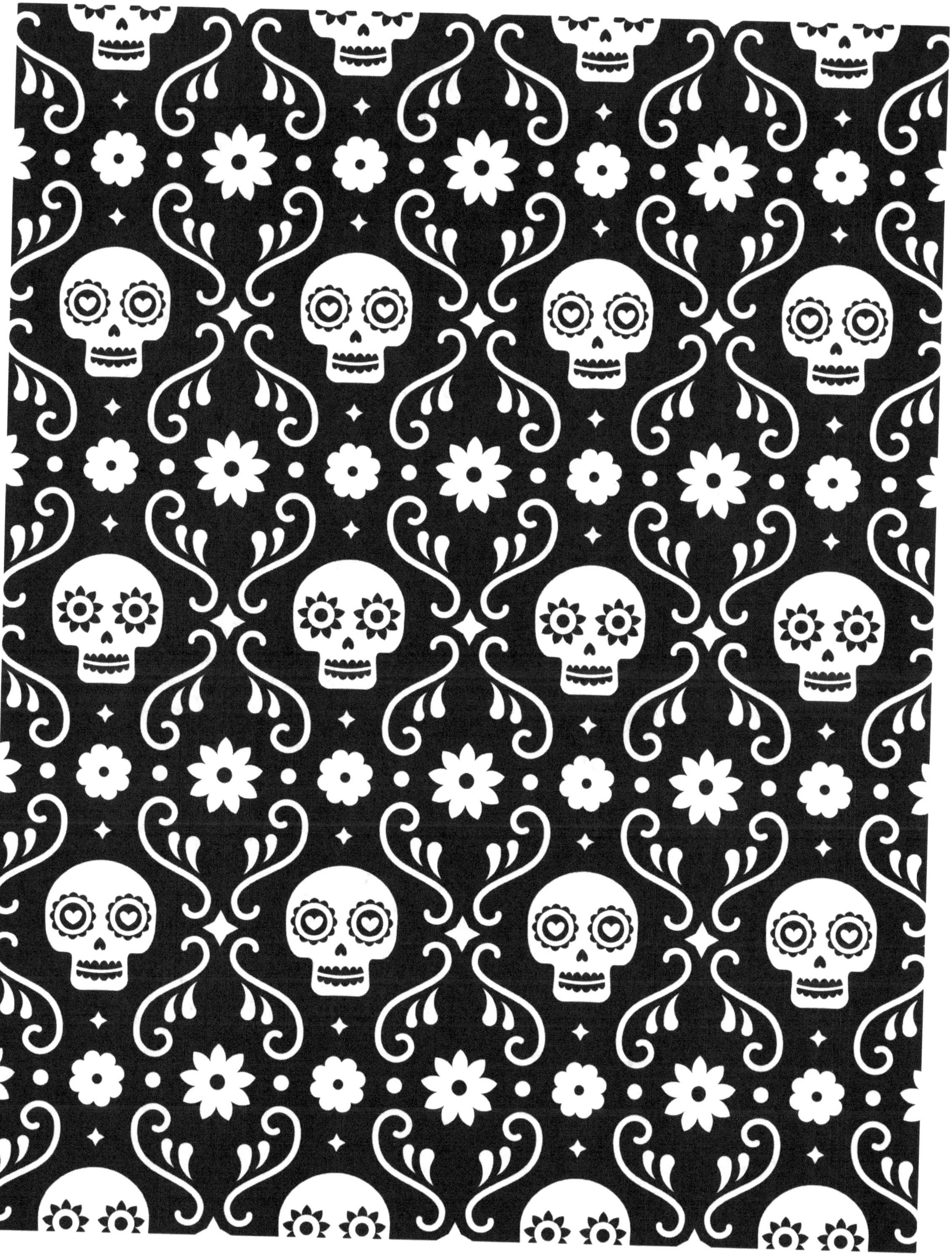

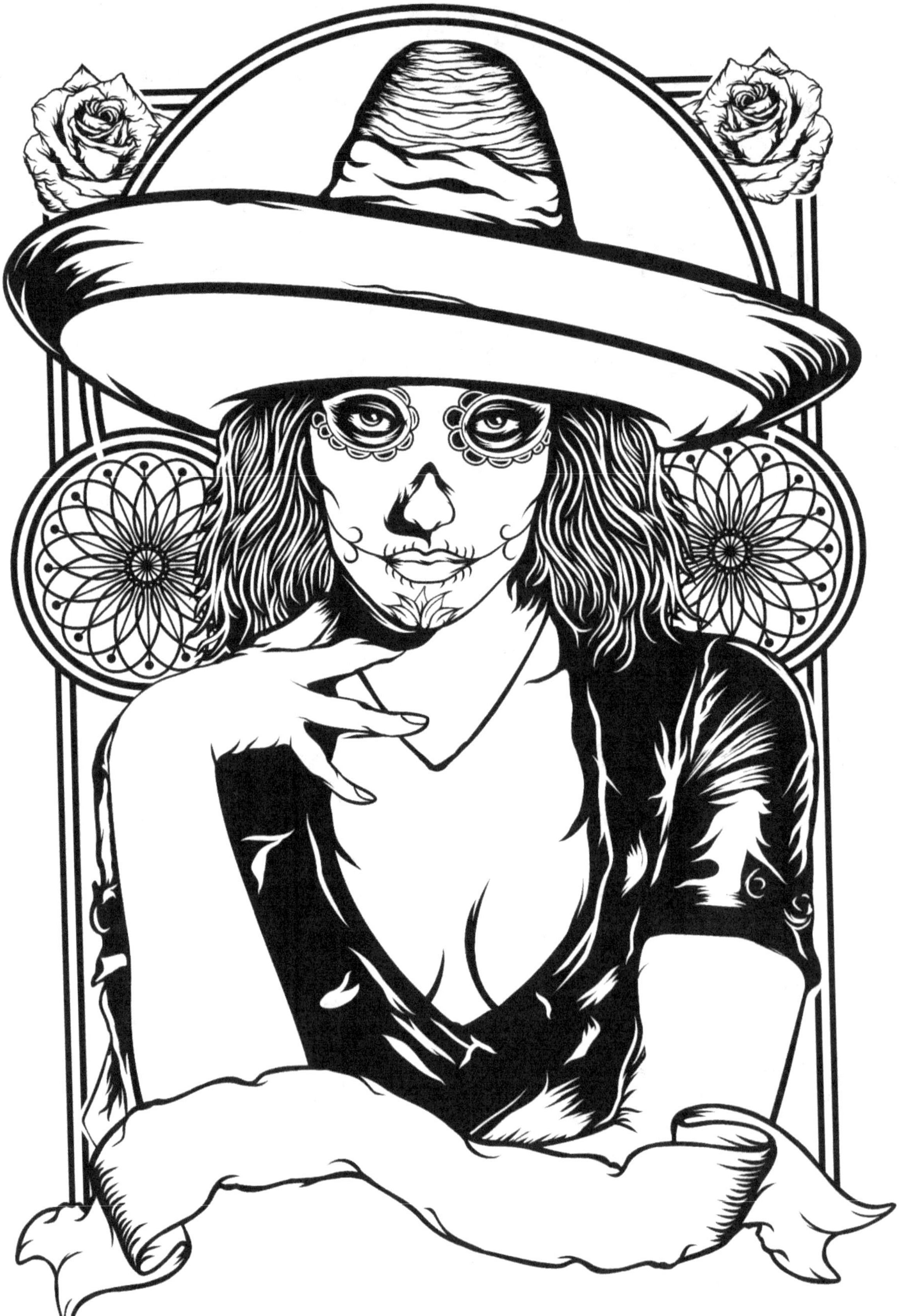

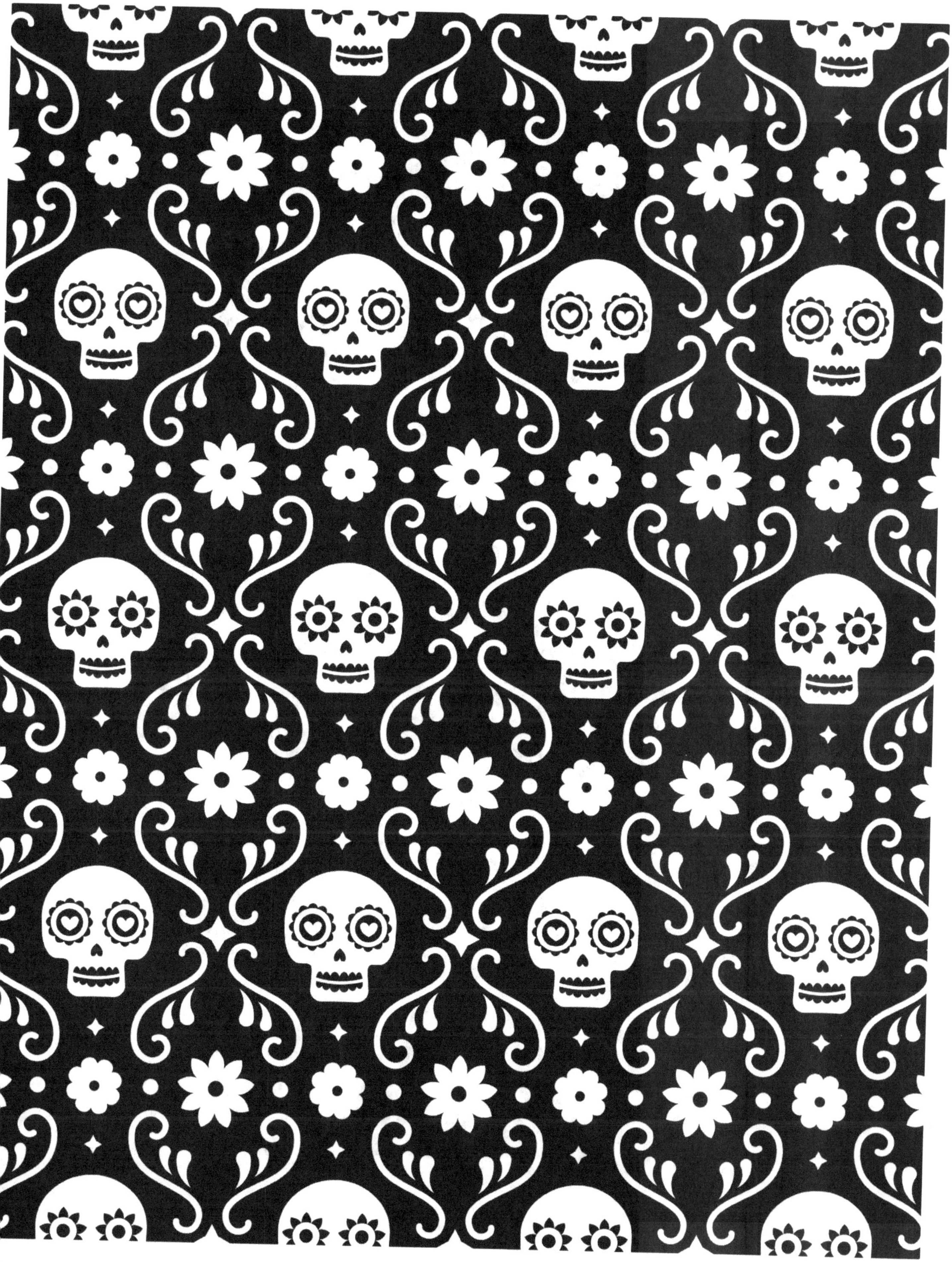

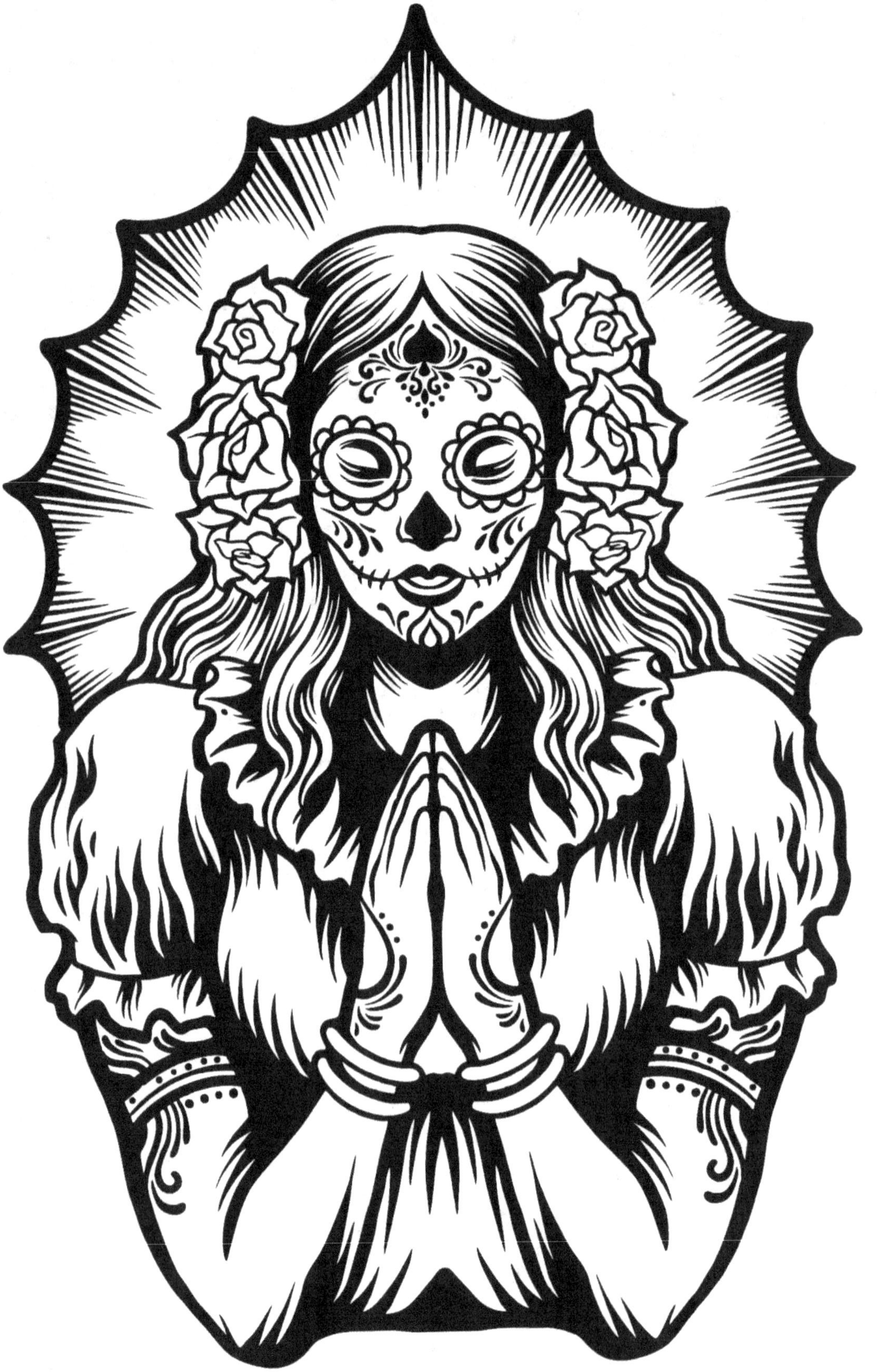

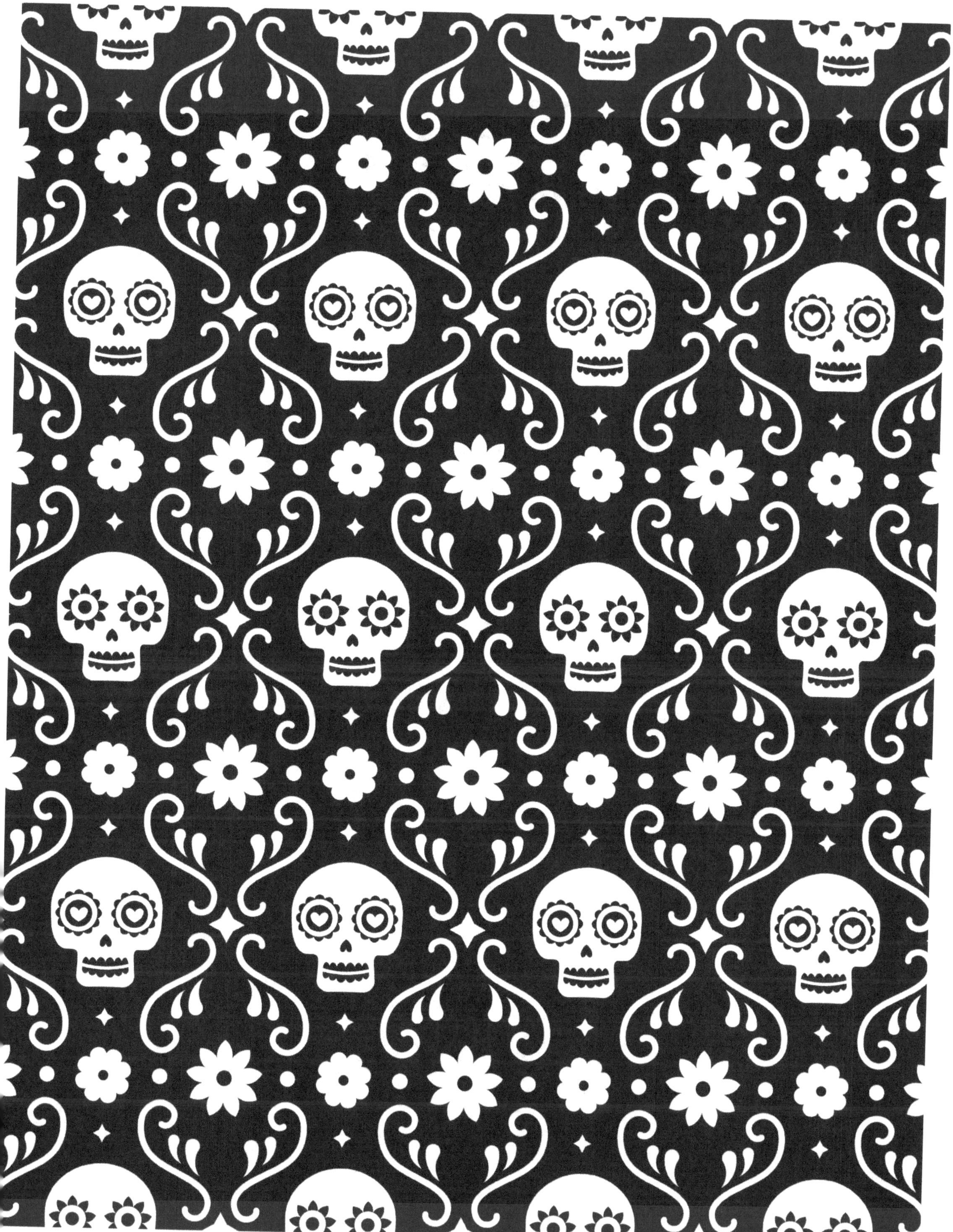

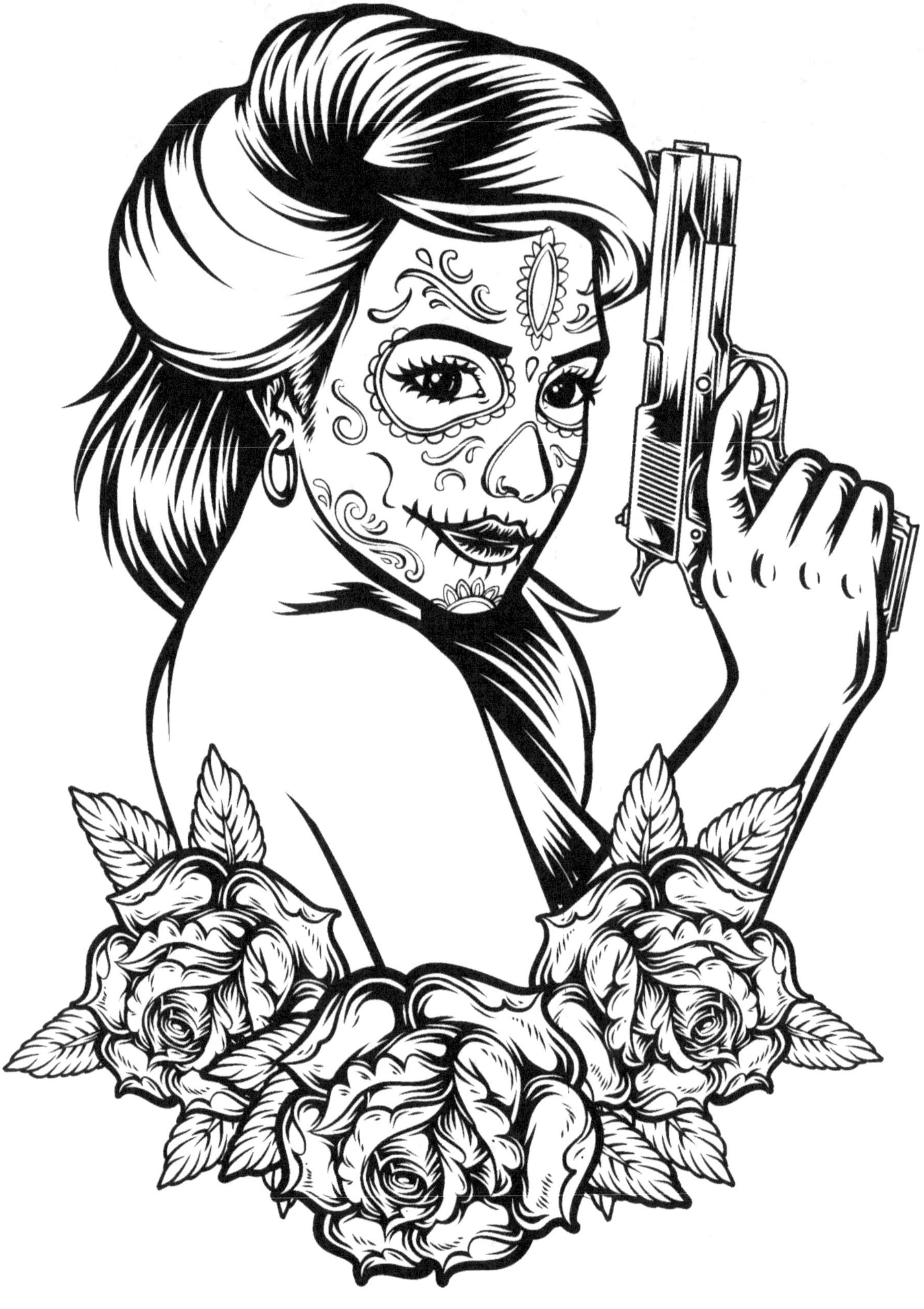

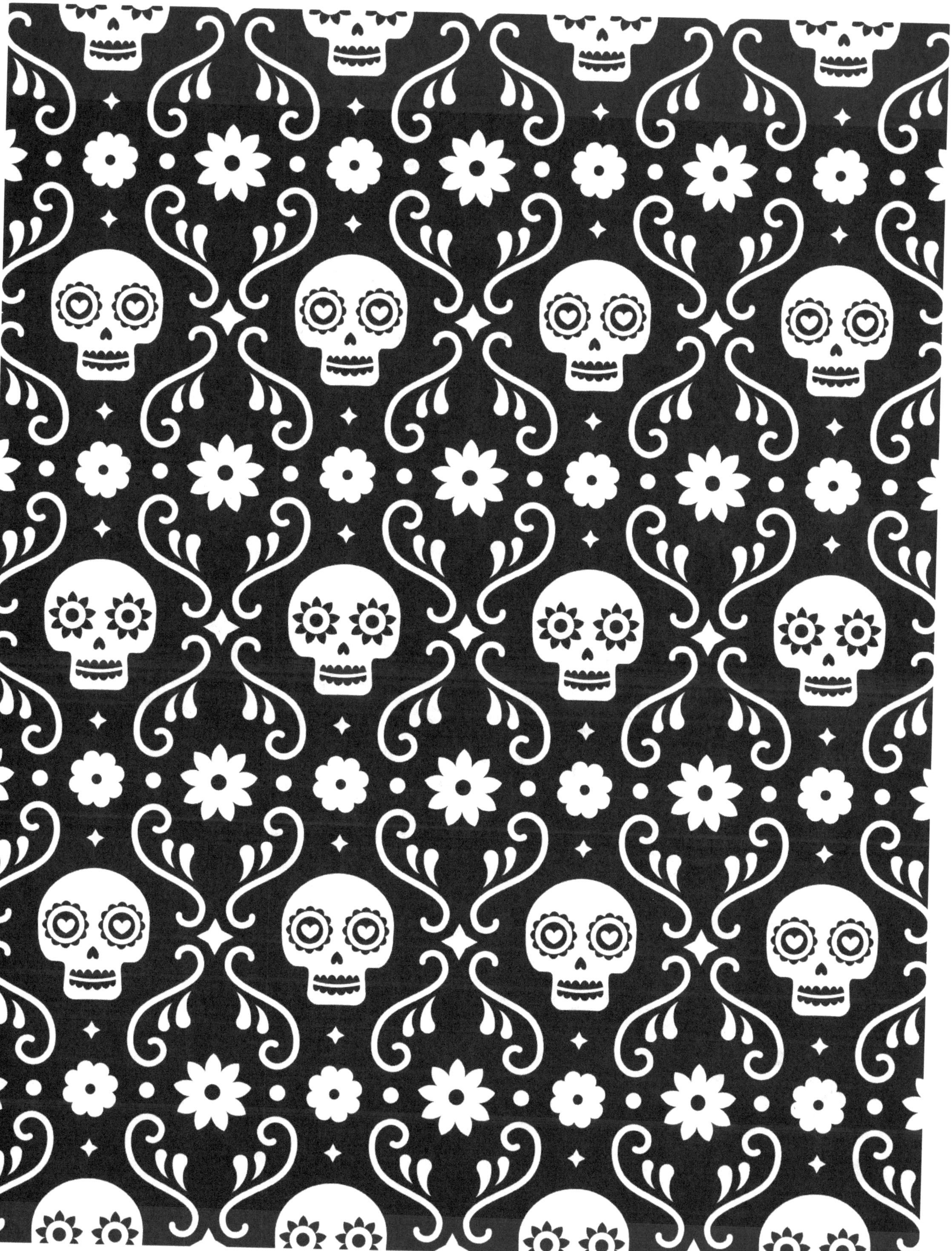

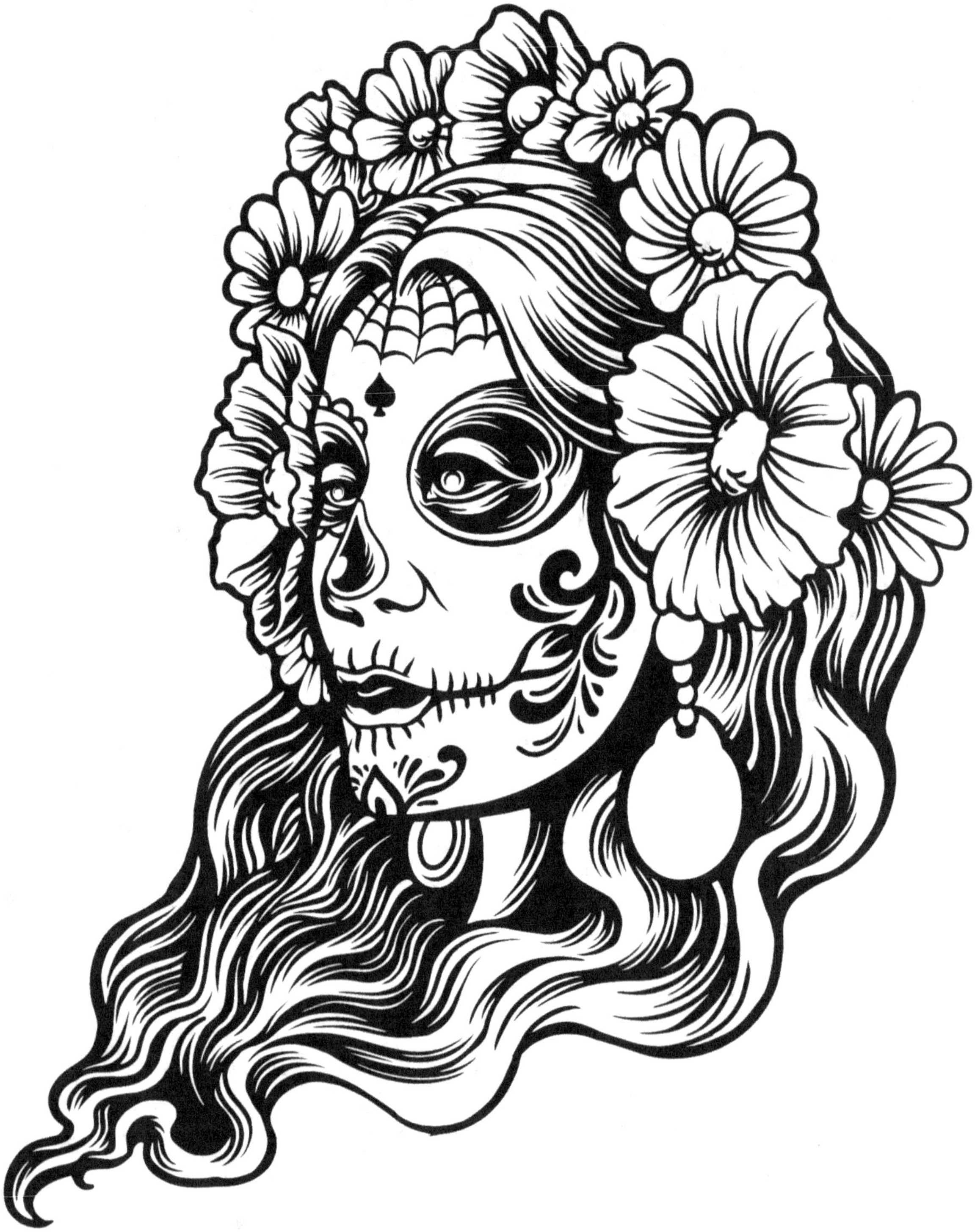

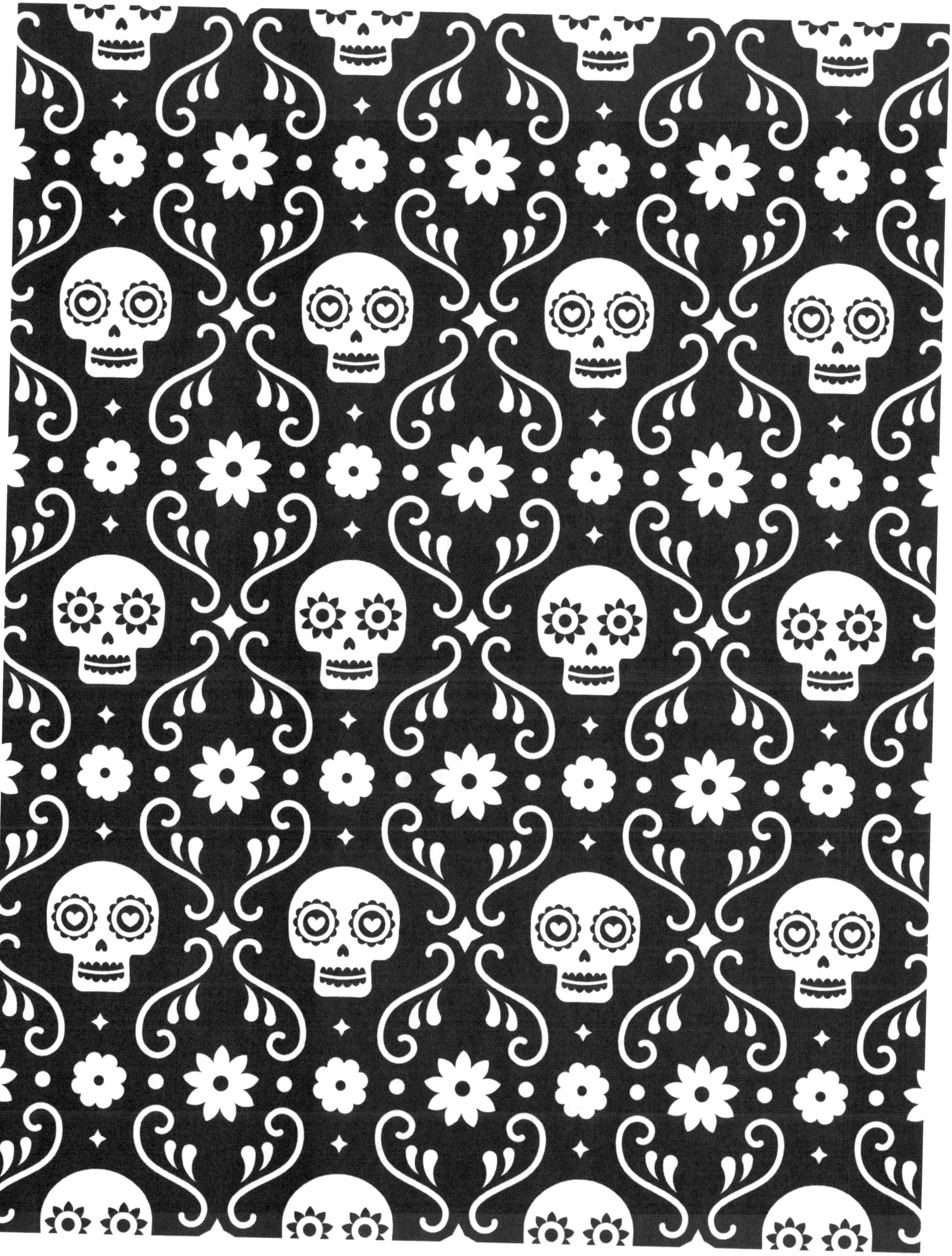

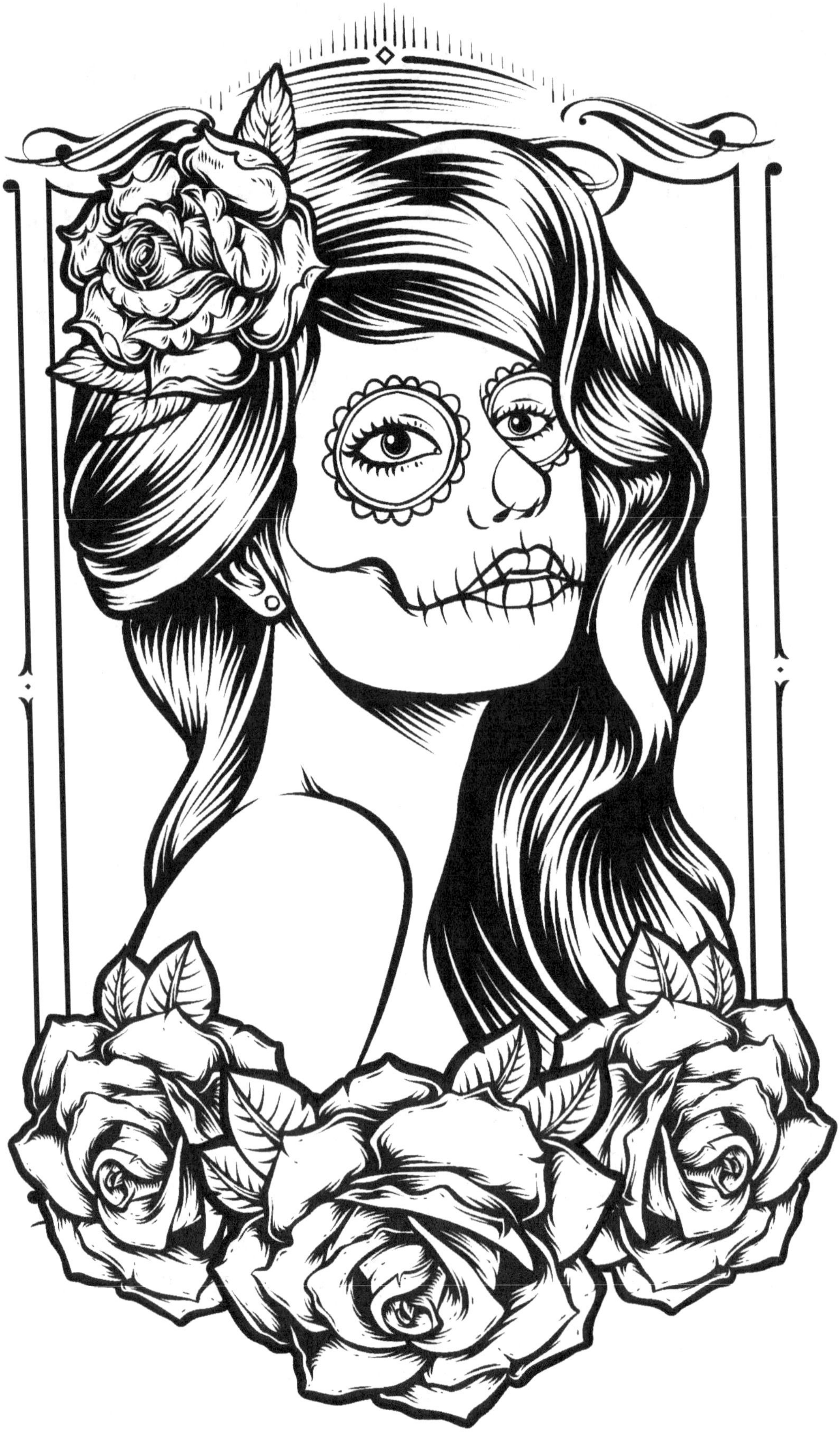

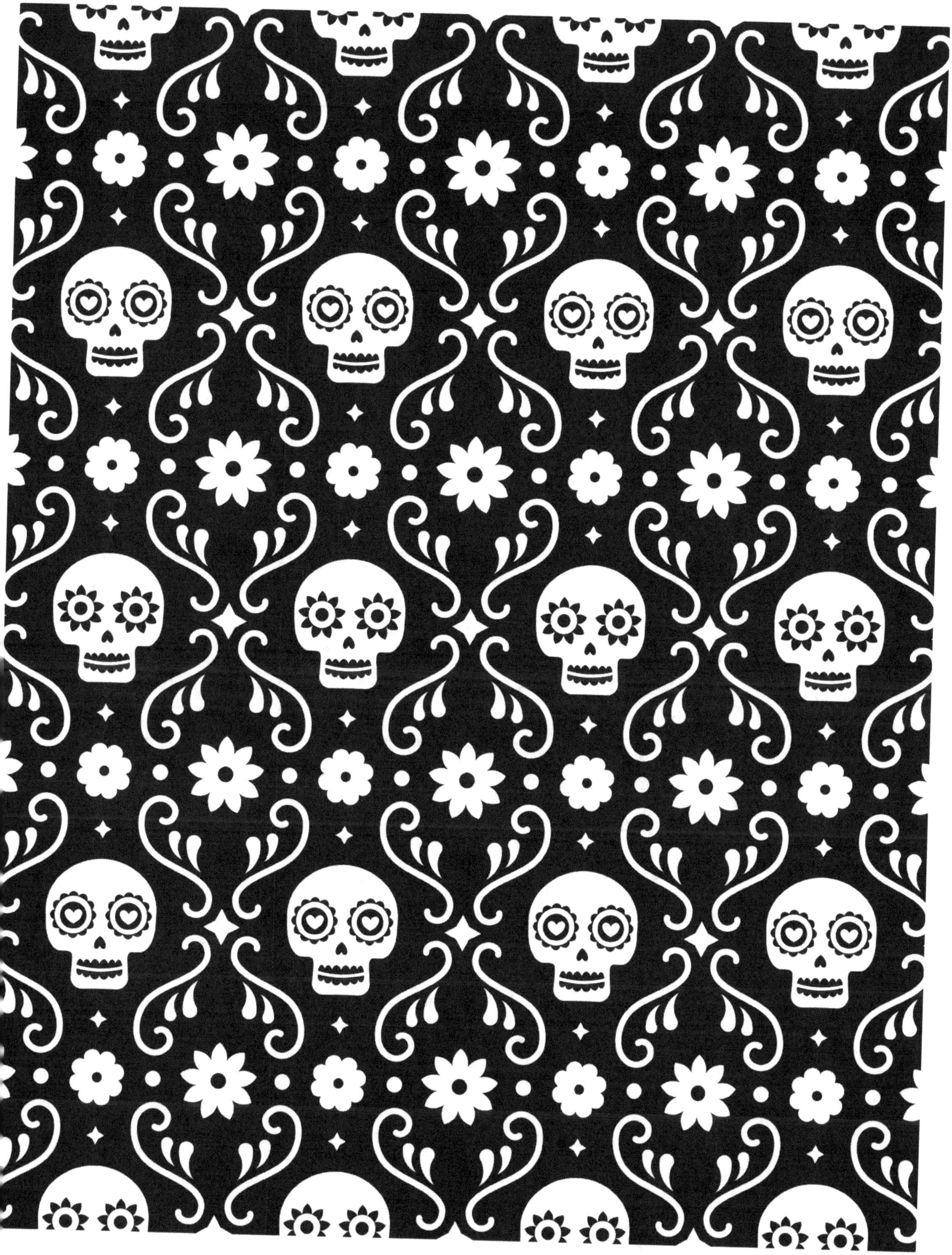

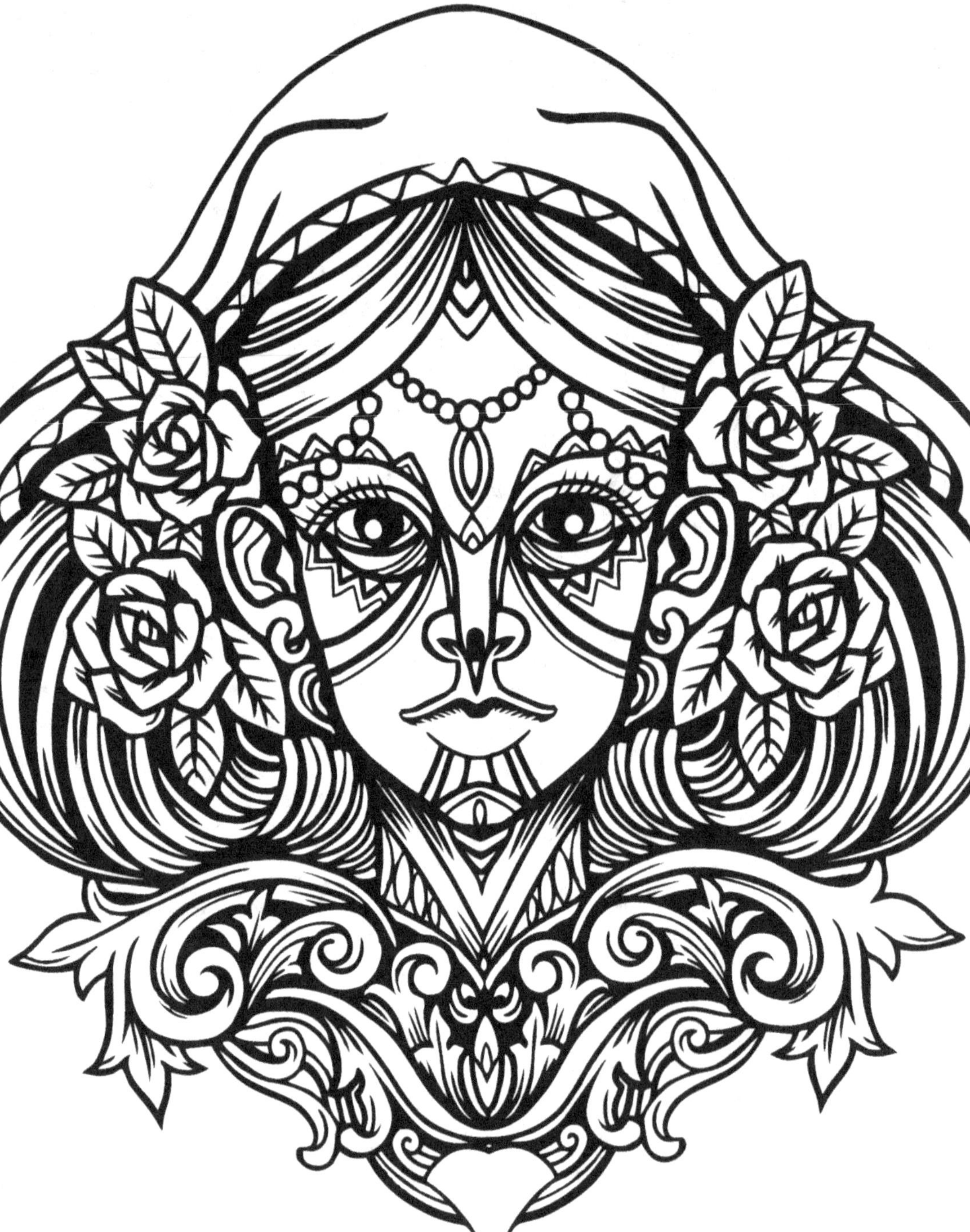

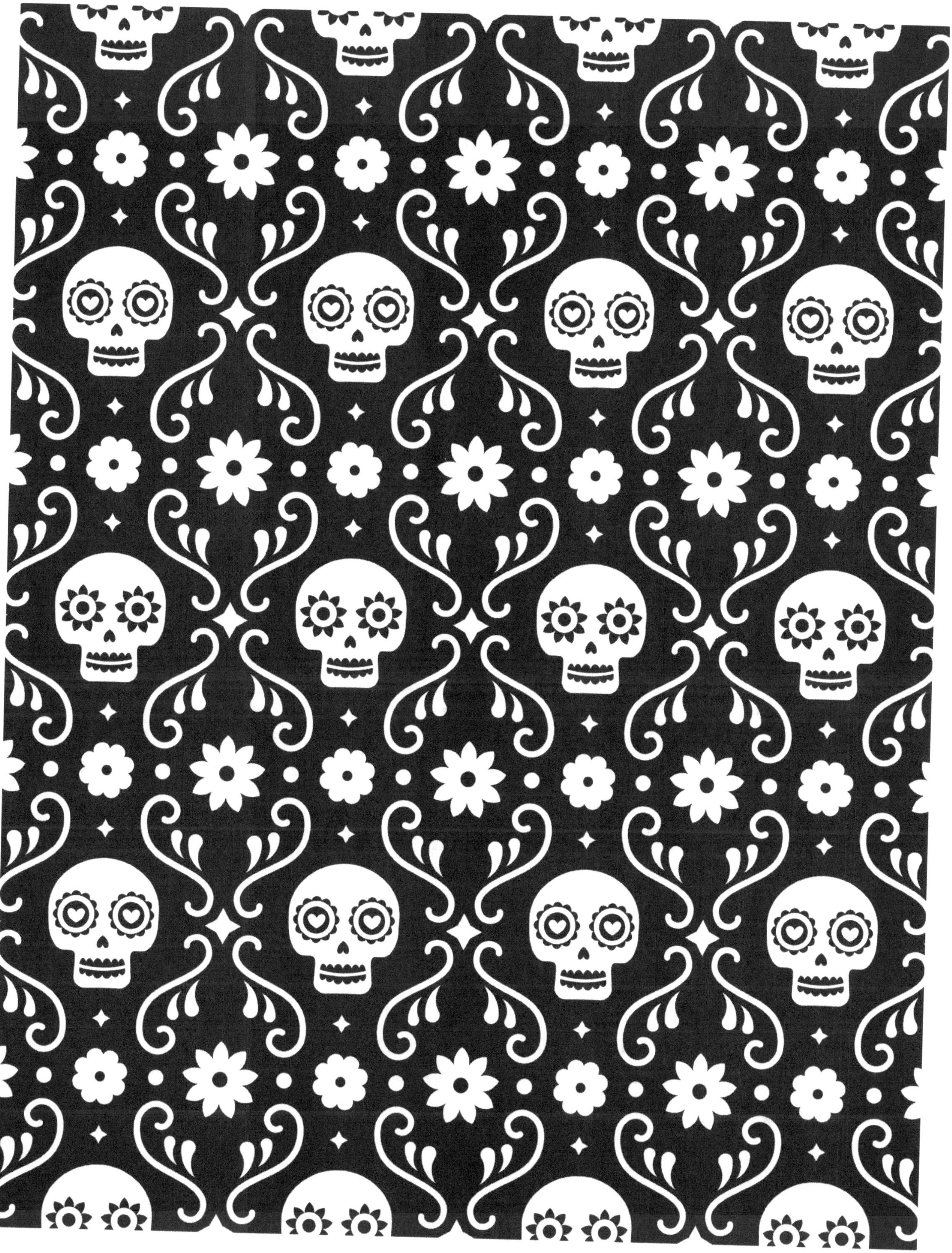

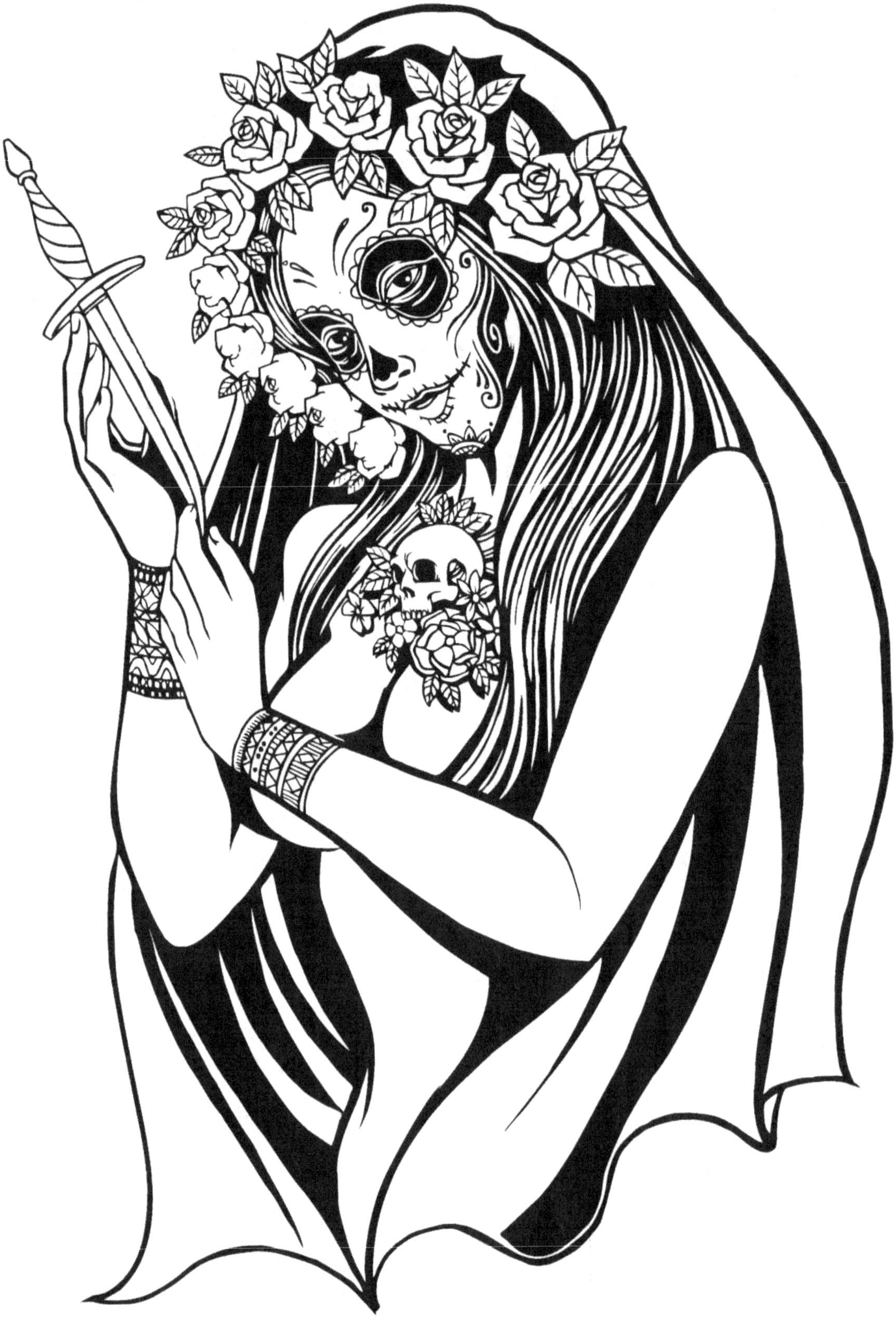

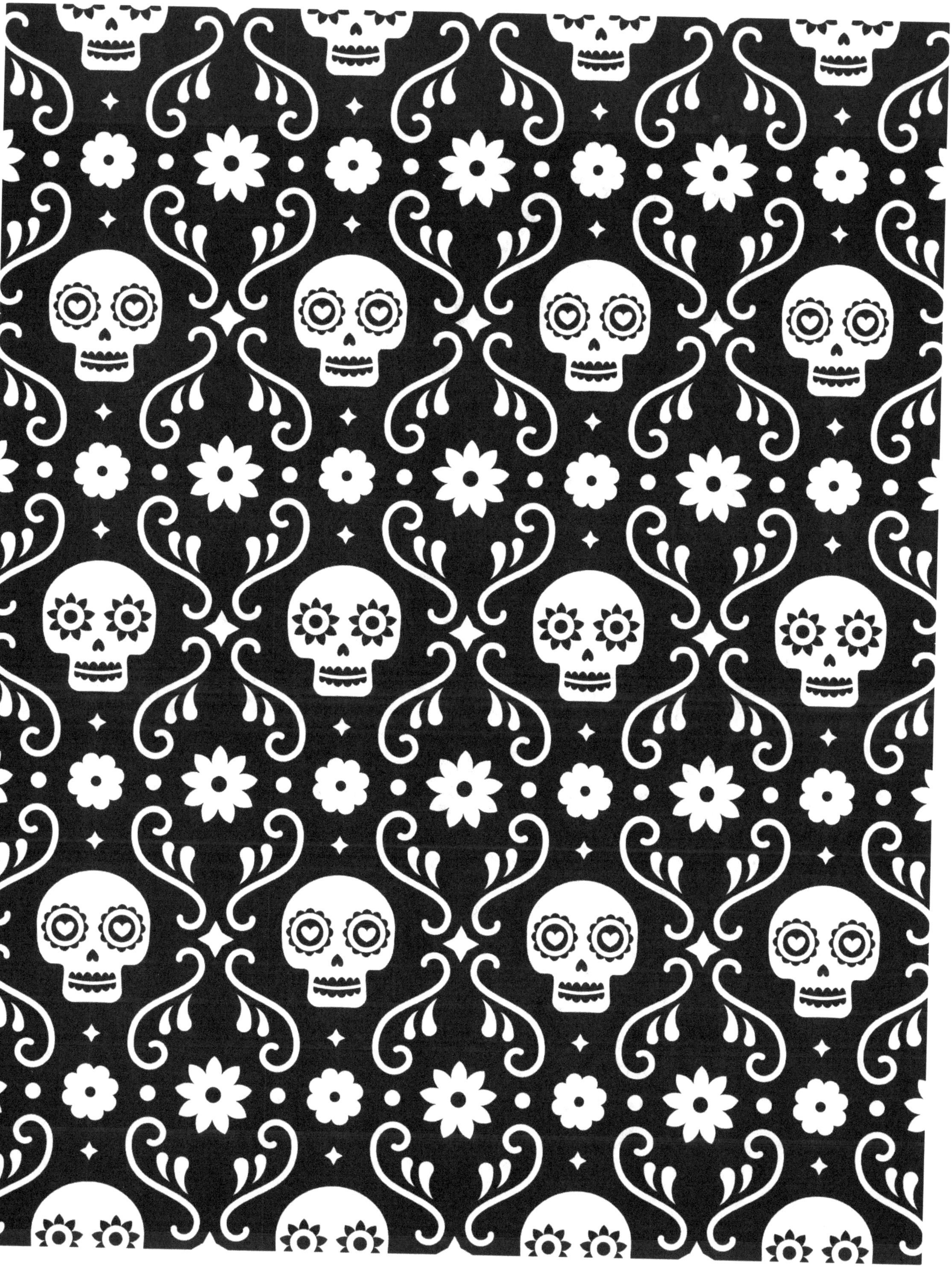

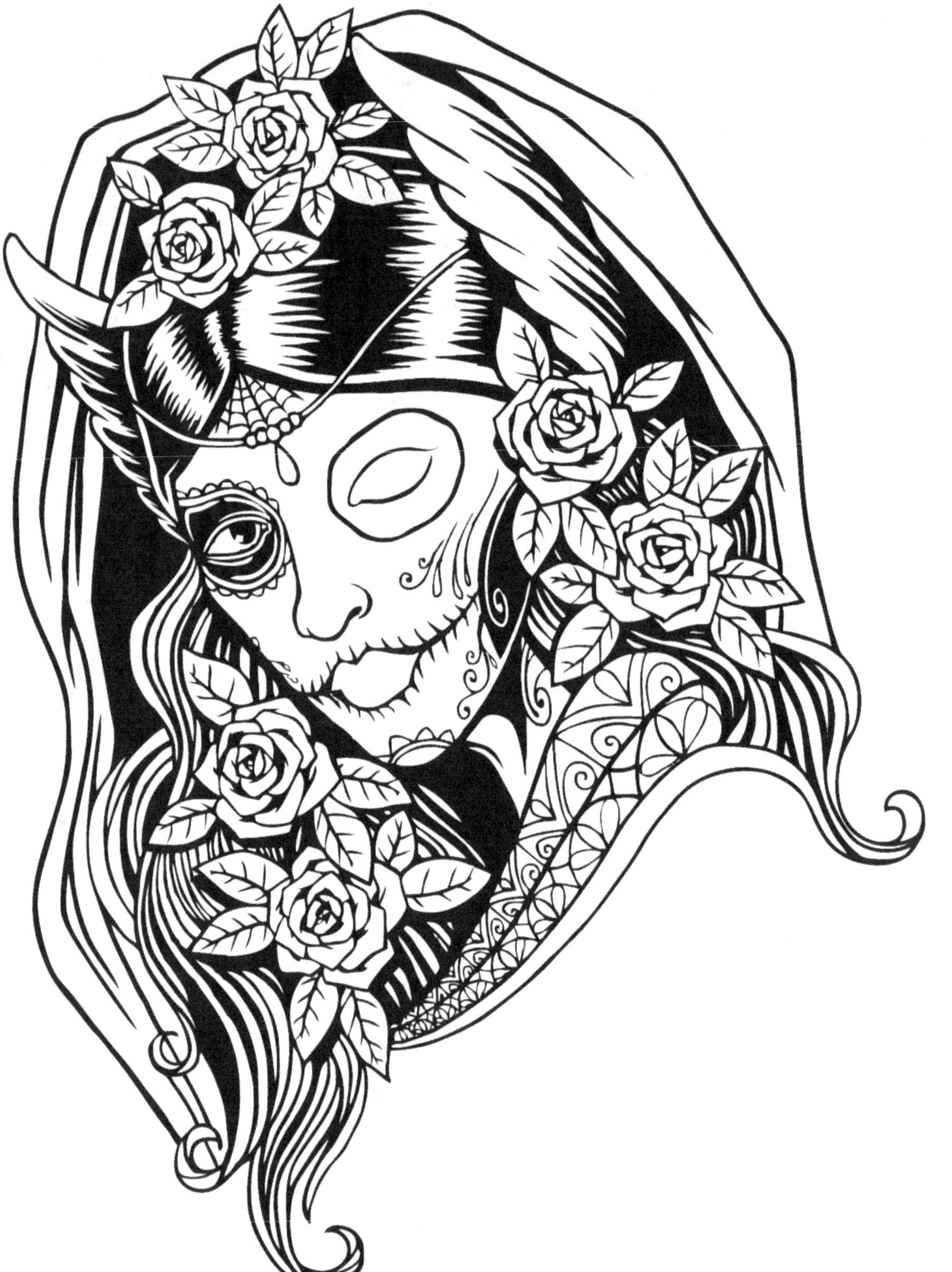

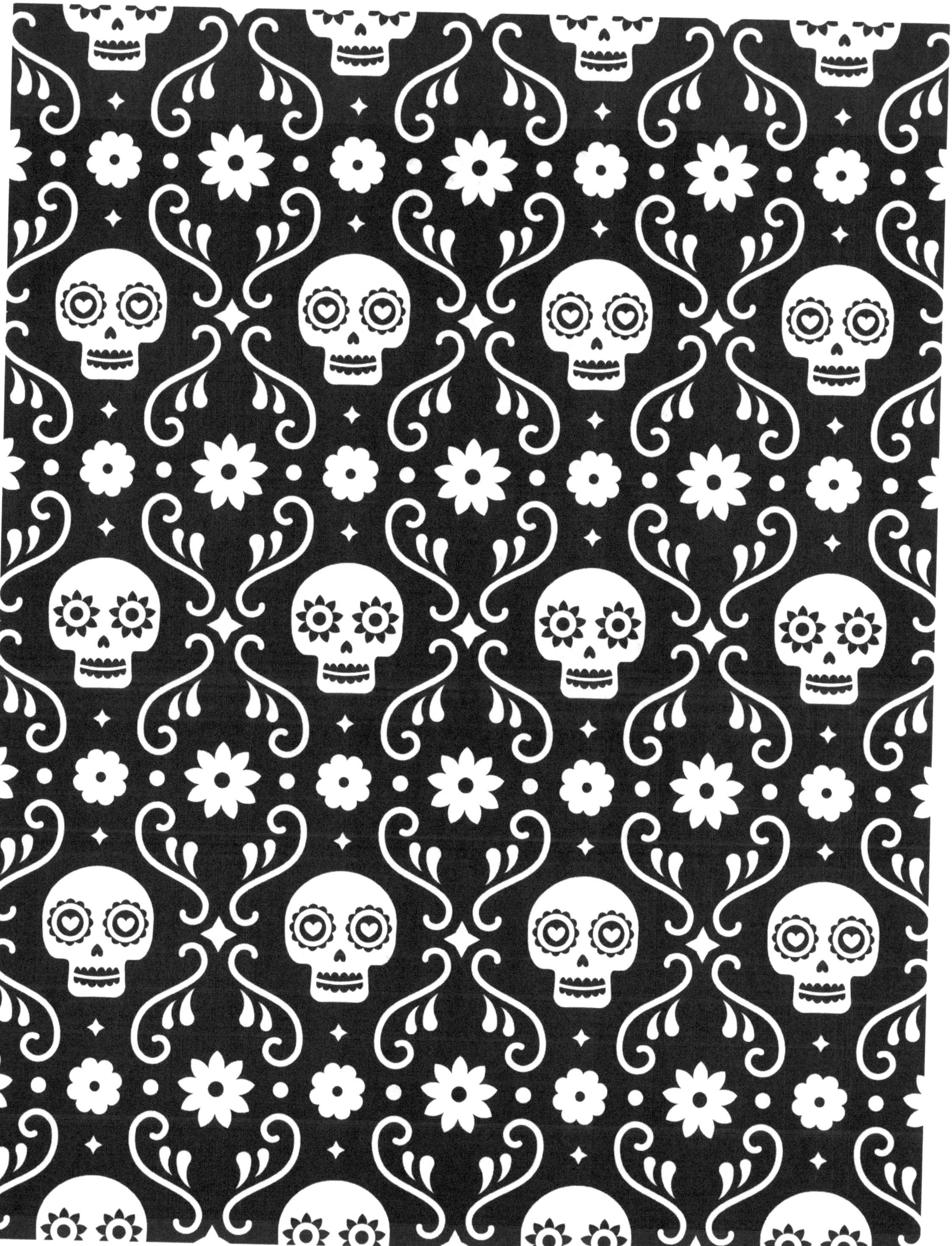

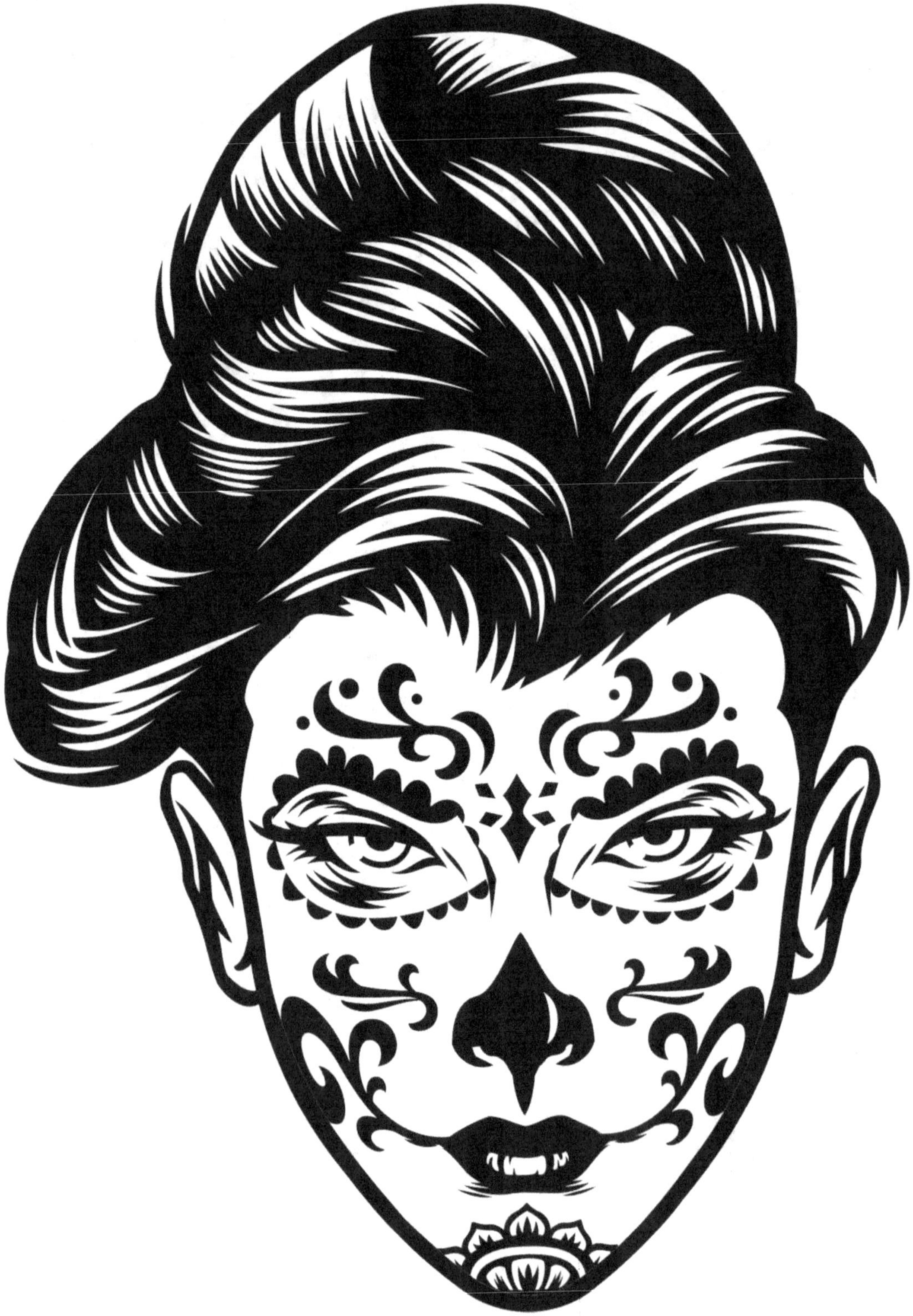

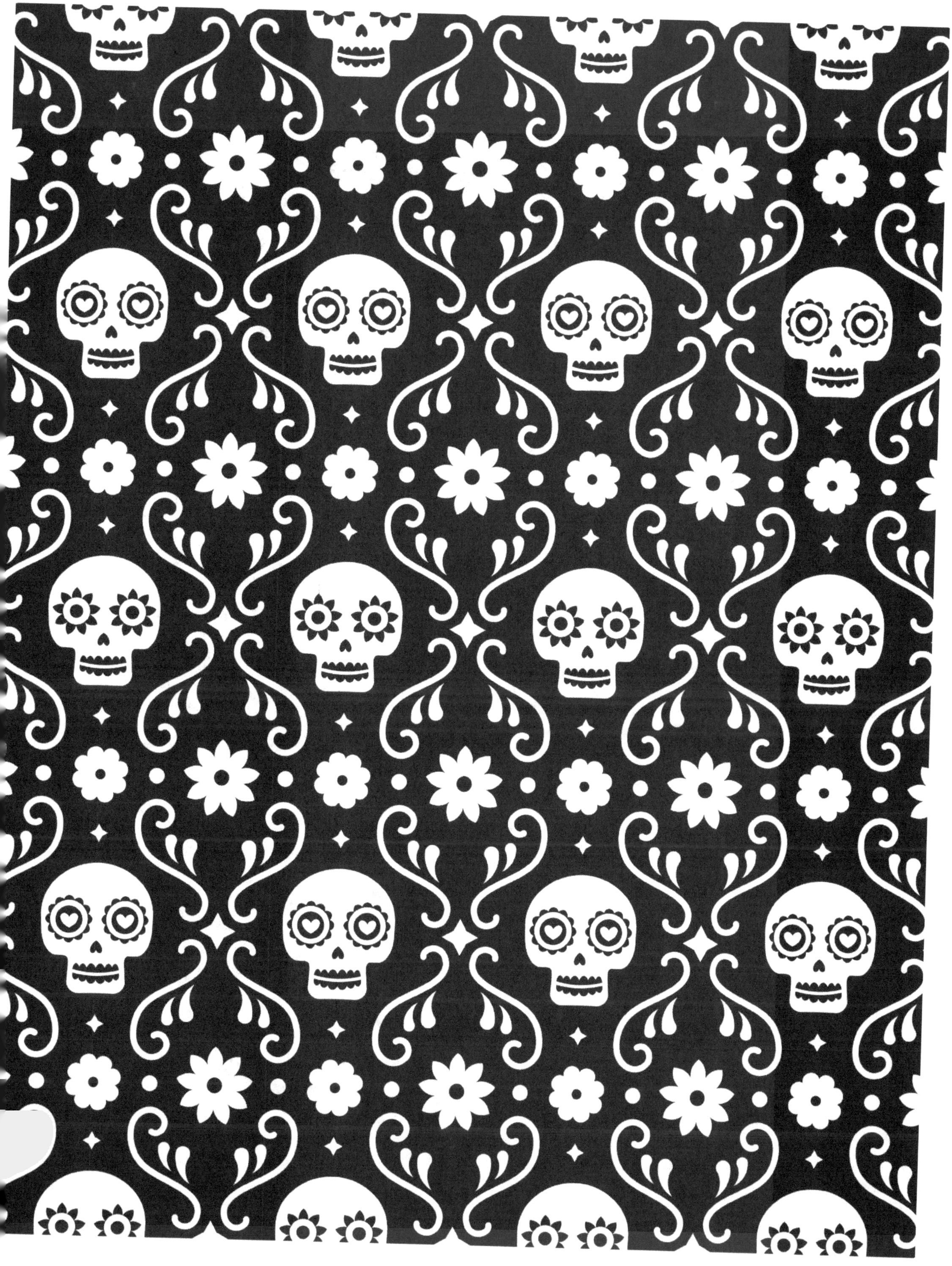

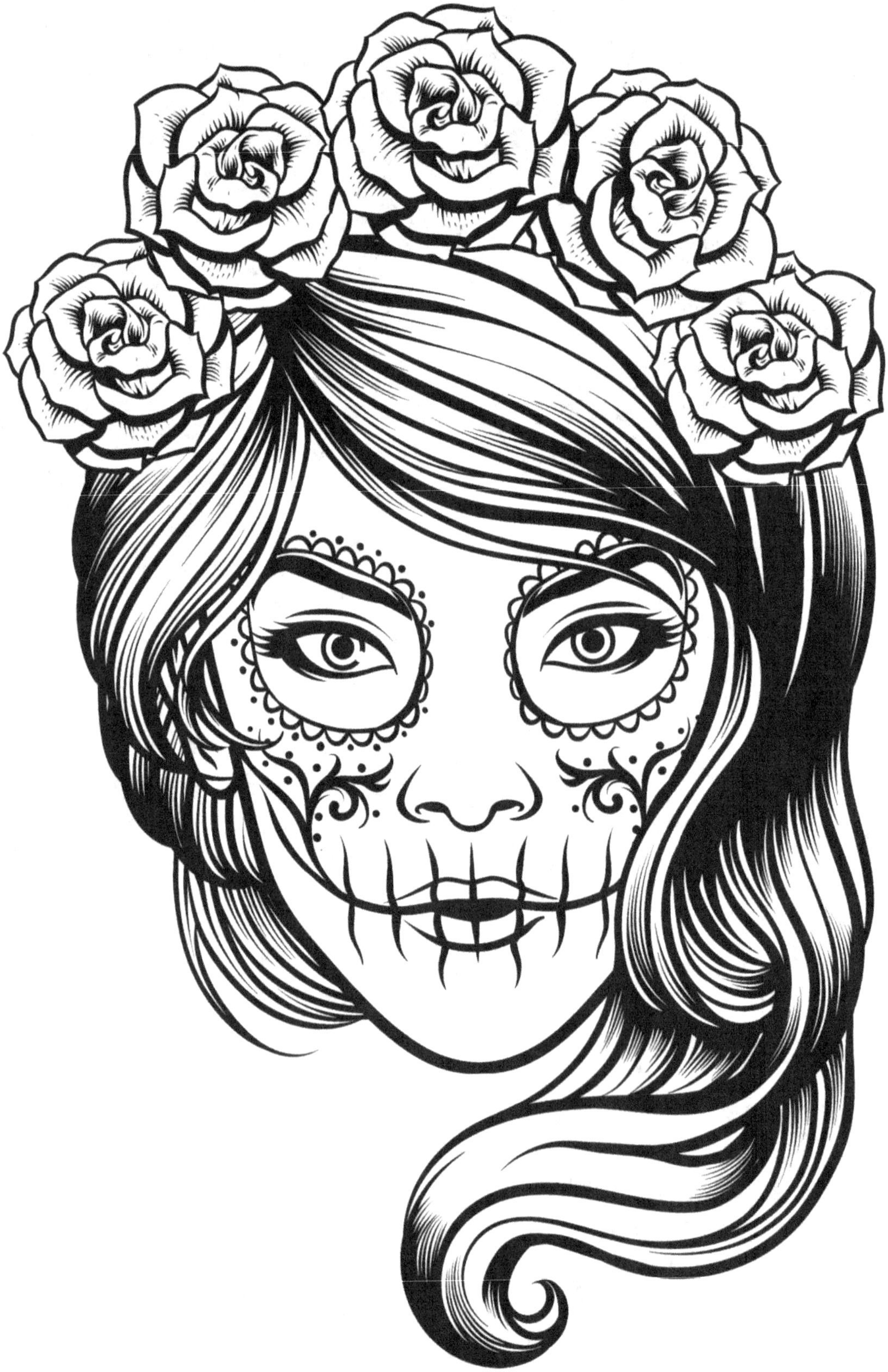

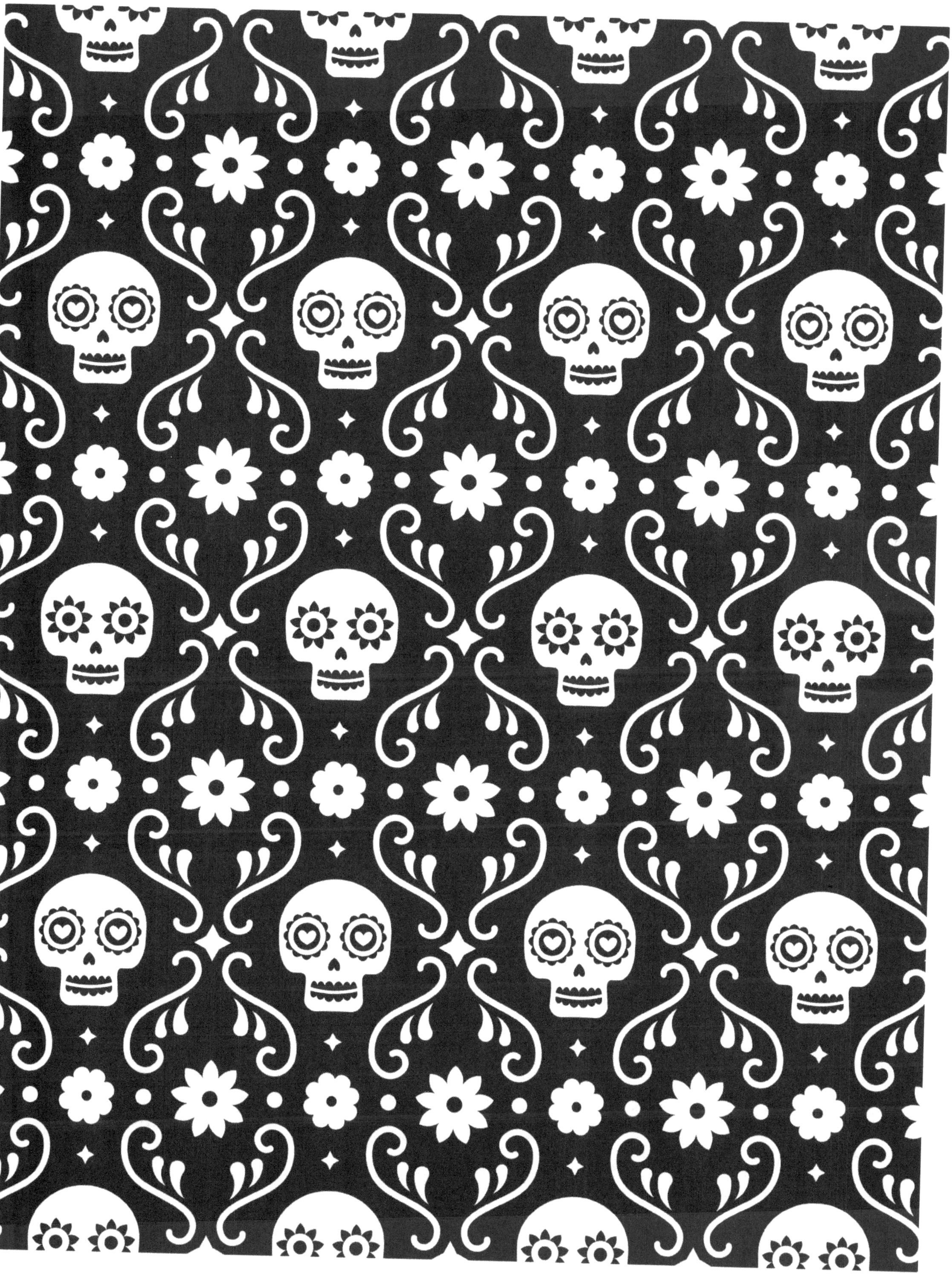

www.ingramcontent.com/pod-product-compliance
Lightning Source LLC
Chambersburg PA
CBHW080524220526
45465CB00006B/2586
* 9 7 9 8 6 1 0 5 5 4 4 2 6 *